267926

Sepp Aschenbach

Steine der Erinnerung

Der jüdische Friedhof in Dinslaken

בלע המות לנצח ומחה אדני יהוה דמעה מעל כל פנים
וחרפת עמו יסיר מעל כל הארץ כי יי דבר

Band 26 der „Dinslakener Beiträge zur Geschichte und Volkskunde",
herausgegeben vom Verein für Heimatpflege „Land Dinslaken" e.V.

Im Andenken an unsere jüdischen Nachbarn, die ich nie kennenlernen konnte.

Übersetzung des hebräischen Textes auf der vorhergehenden Seite:

„Er vernichtet den Tod auf ewig, und es wischt ab der Herr Gott die Träne von jedem Angesicht, und die Schmach seines Volkes entfernt er von der ganzen Erde. So hat es der Ewige gesagt."

Jesaja 25,8

Dieser Text wird beim Verlassen des Friedhofs gesprochen.

Auf dem jüdischen Friedhof

Stille

Herbstblätter im Gras

Gräberreihen - ohne Blumen

Grabsteine aus weichem Sandstein

langsam verwittert in Regen, Frost und Wind

Hier ist begraben:

die tüchtige Frau – ihre Kinder führte sie zur Thora

der starke Mann - gottesfürchtig – er speiste die Armen

der Tod stieg durch ihr Fenster

er ging in seine Welt - er ruht nun im Garten Eden

Die Steine erzählen

durch das Efeunetz und den Schleier des Vergessens

spricht aus dem schweren Stein die Erinnerung:

von alten Menschen - lebenssatt

vom Schmerz über das tote Kind

von Glauben und Hoffen -

aber auch von Unrecht und Gewalt

Menschen - ermordet in fremdem Land

Ehegatten fanden hier keine Ruhe –

die leeren Stellen erzählen von Deportation und Mord

1938 – hier enden die Jahreszahlen

Der Gute Ort, das Haus der Ewigkeit, bleibt zurück.

In mir klingt das Wort des Propheten:

„Er wird den Tod vernichten -

die Tränen wird er abwischen

die Schmach seines Volkes wird er wegnehmen von der ganzen Erde."

                                                            Sepp Aschenbach

Geleitwort der Bürgermeisterin:

Seit fast 300 Jahren gibt es in Dinslaken einen jüdischen Friedhof. Seine abwechslungsreiche Geschichte ist Teil der Geschichte unserer Stadt.

Drei Jahre hindurch hat Pfarrer i.R. Sepp Aschenbach die Geschichte des Friedhofs und der jüdischen Gemeinde, die hier ihre Verstorbenen bestattete, systematisch erforscht.
Dabei hat er zum Teil Quellen ausgewertet, die erst nach der deutschen Wiedervereinigung zugänglich wurden, den Bestand des Friedhofs in Bild und Schrift gesichert, die hebräischen Inschriften übersetzt und wichtige Fakten über das Leben der jüdischen Gemeinde in Dinslaken zusammengetragen.
Die Stadt Dinslaken schuldet dem Verfasser für diese überaus wichtige Arbeit großen Dank. Dank gebührt auch dem Verein für Heimatpflege Land Dinslaken e.V. für die Aufnahme in seine heimatgeschichtliche Buchreihe „Dinslakener Beiträge". So konnte allen an der Geschichte Dinslakens Interessierten dieses bislang unbearbeitete Thema zugänglich gemacht und für die Nachwelt festgehalten werden.

Die nun vorliegende Arbeit sichert die Erinnerung an frühere jüdische Bürgerinnen und Bürger und an das jüdische Leben in unserer Stadt. Sie war dringend geworden, da der Zerfall der Grabsteine bereits weit fortgeschritten ist.

Mit Blick auf die Partnerschaft Dinslakens mit der israelischen Stadt Arad ist diese Erinnerungsarbeit ein wertvolles Zeichen. Vor allem aber für die Nachkommen der in Dinslaken beerdigten Juden ist die Schrift von außergewöhnlichem familiengeschichtlichen und emotionalem Wert.

Die Steine des Friedhofs sind das einzig sichtbare Zeichen, das von dem jahrhundertelangen jüdischen Leben in Dinslaken geblieben ist. Die Steine der Toten erzählen vom Leben. Die Beschäftigung mit dem jüdischen Friedhof und seiner Geschichte führt zum Erinnern. Die Erinnerung ist zugleich Mahnung und Auftrag für die Gegenwart jeder neuen Generation.

Sabine Weiss
Bürgermeisterin

Vorwort:

Im November 2002 erschien in einer Dinslakener Zeitung ein Bericht über den jüdischen Friedhof in Dinslaken. Am Ende des Berichts wird beklagt, dass es keine Gelder gibt, um die zum Teil verwitterten Steine zu restaurieren bzw. die Inschriften übersetzen zu lassen.

Dieser Satz hat mich angesprochen. Denn viele Jahre habe ich mit Konfirmanden und Schülern den Jüdischen Friedhof besucht. Er ist mir dabei vertraut geworden.

Das Erlernen der hebräischen Sprache gehörte zu meinem Theologiestudium.

So habe ich mich daran gemacht, alle Steine im Bild festzuhalten, die Inschriften zu sichern, bzw. aus dem Sinnzusammenhang wieder herzustellen und zu übersetzen.

Je mehr ich mich mit den Steinen und ihren Inschriften und den auf ihnen zu lesenden Namen und Daten beschäftigte, wurde mir die Geschichte der Verstorbenen und ihrer Familien lebendig.

Es wuchs das Interesse, mehr zu erfahren über das Leben der Familien, ihre Kinder, das Zusammenleben mit Nachbarn und Freunden, das Miteinander der jüdischen Familien und über das Leben der Synagogengemeinde in unserer Stadt.

Dabei lernte ich, dass jüdische Menschen immer wieder gebraucht, dann wieder diskriminiert und vertrieben wurden. Dennoch haben sie ihren Glauben, ihre Tradition, ihre Identität über Jahrhunderte bewahrt. Sie hatten Rechtssicherheit erwartet, nachdem sie über Generationen meist im Einvernehmen mit ihren Nachbarn lebten und ihren Anteil am Leben in unserer Stadt geleistet hatten.

Vor diesem Hintergrund wird deutlich, welche Brutalität und Ignoranz es war, das Leben einer Gemeinde, die Teil dieses Gemeinwesens war, zu zerstören, Menschen ihre Existenz zu nehmen, sie zu vertreiben und umzubringen. Die Steine des Friedhofs sind das einzige, was vom früheren jüdischen Leben in Dinslaken Zeugnis gibt.

Nach jüdischer Auffassung gehört das Erinnern an einen Menschen auch nach seinem Tode zu seiner Würde. Deswegen wurden jüdische Gräber immer auf Ewigkeit hin angelegt.

Paul Spiegel, der verstorbene Vorsitzende des Zentralrats der Juden, schreibt: „Wir ... haben von Kindheit an gelernt, dass Erinnern ein wichtiger Bestandteil unserer Geschichte ist. Der Talmud sagt: Das Geheimnis der Erlösung heißt Erinnern" (Die Welt, 10.11.2000).

Dieses Erinnern geschieht ständig in der Erinnerungsstätte Yadvashem in Jerusalem (zu deutsch „Hand und Name"). Diese Bezeichnung greift zurück auf ein Wort aus Jesaja 49,16. „Ich habe dich (deinen Namen) eingezeichnet in meine Hand!" Gott will sich an uns erinnern. Er hat unsere Namen eingezeichnet in seine Hand.

Dieses Erinnern widerspricht einem derzeitigen Trend in unserer Gesellschaft, Namen über den Tod hinaus nicht in Erinnerung zu behalten. Die Zunahme der anonymen (namenlosen) Bestattungen zeigt das. Die Beschäftigung mit dem jüdischen Friedhof aber führt gerade zum Erinnern.

Bei meiner Arbeit habe ich immer wieder gespürt: Die Steine der Toten erzählen vom Leben.

So habe ich im Folgenden zunächst an die Geschichte der jüdischen Gemeinde in Dinslaken und ihrer Menschen erinnert.

Sodann bin ich der abwechslungsreichen Geschichte des jüdischen Friedhofes nachgegangen.

Einige Steine aus verschiedenen Zeiten habe ich näher betrachtet unter dem Aspekt: Steine erzählen. Sie berichten von der Geschichte jüdischer Familien in unserer Stadt, von ihrem Leben, ihrem Glauben und ihren Hoffnungen – aber auch von der Brutalität, mit der Ende der 30er Jahre jedes jüdische Leben erstickt wurde.

In dem dokumentarischen, dem umfangreichsten Teil habe ich alle Steine in Bild und Wort dargestellt und ihre Inschriften übersetzt. Die Abkürzungen der hebräischen Inschriften habe ich in der deutschen Übersetzung aufgelöst.

Weiterhin habe ich einen Plan des Friedhofs gefertigt, aus dem der Ablauf der Belegung hervorgeht. Einteilung und Nummerierung der Gräberreihen und Gräber habe ich eingeführt, um die Gräber zuordnen zu können.

In einem vierten Teil habe ich das Wichtigste zum Thema „Tod, Begräbnis und Trauer im Judentum" zusammengestellt.

Schließlich finden sich in einem Anhang einige Erläuterungen zum Kaddisch-Gebet und zum Jüdischen Kalender.

Neben der allgemein zugänglichen Literatur habe ich in meiner Arbeit zurückgegriffen
- auf das Protokollbuch der jüdischen Gemeinde Dinslaken, das im Stadtarchiv zugänglich ist
- auf die Akten der jüdischen Gemeinde Dinslaken, die 1914 und 1934 in das Jüdische Zentralarchiv in Berlin übernommen wurden. Sie sind heute, nach 70 Jahren, mikroverfilmt im Archiv Neue Synagoge Berlin wieder zugänglich.
- auf die Akten der jüdischen Gemeinde Dinslaken, die sich in Jerusalem („The Central Archives for the History of the Jewish People") befinden, und von dort im Frühjahr 2005 dem Stadtarchiv Dinslaken (mikroverfilmt) zugestellt wurden.

Besonders wichtig waren hier die Originalverträge zur Errichtung des Friedhofes (1712, 1722, 1792) und der Synagoge (1812), das Legbuch der Beerdigungsbruderschaft (ab 1843), sowie die Festschrift zum 50jährigen Jubiläum des Waisenhauses aus dem Jahr 1935.

Danken möchte ich allen, die mich unterstützt und die Herausgabe dieses Buches ermöglicht haben. Mein Dank gilt Herrn Professor Michael Brocke und Frau Nathanja Hüttenmeister vom Ludwig Salomon Steinheim-Institut an der Universität Duisburg. Frau Hüttenmeister hat im dokumentarischen Teil Korrektur gelesen, mir an vielen Stellen der Übersetzung geholfen und mir wertvolle Hinweise zu einzelnen Steinen gegeben. Weiterhin danke ich der Stadtarchivarin Frau Gisela Marzin, den Herren Jürgen Grafen und Dr. Kurt Tohermes, die mit manchem Rat meine Arbeit begleitet haben, und schließlich den Herren Arthur Benninghoff und Hans-Hermann Bison vom Verein für Heimatpflege Land Dinslaken.

Nicht zuletzt danke ich für alle finanzielle Unterstützung, durch die der Druck dieses Buches erst ermöglicht wurde: Dem Kreis Wesel, der Stadt Dinslaken, der Sparkasse Dinslaken-Voerde-Hünxe, der Evangelischen Kirche im Rheinland, dem Verein für Rheinische Kirchengeschichte, dem Kirchenkreis Dinslaken, der Evangelischen Kirchengemeinde Dinslaken, der Katholischen Pfarrgemeinde St Vincentius, der Lydia und Heinz Rühl Stiftung und schließlich dem Verein für Heimatpflege Land Dinslaken, in dessen Schriftenreihe dieser Band erscheint.

Viele also haben mitgeholfen, dass in dieser Untersuchung Wissen über jüdisches Leben in Dinslaken auch für die Zukunft festgehalten wird. Ich gebe sie heraus in der Hoffnung, damit einen Stein zur Erinnerung an die jüdischen Bürger und an jüdisches Leben beigetragen zu haben.

Sepp Aschenbach

Inhalt:

1) Die Dinslakener Juden und ihr Friedhof — S. 8
   - a) Die Geschichte der Juden in Dinslaken — S. 8
   - b) Die Geschichte des Friedhofs — S. 18
2) Steine erzählen — S. 30
   - a) Grabsteine – Formen - Materialien — S. 30
   - b) Inschriften – Steine erzählen — S. 33
   - c) Steine der Erinnerung – Die größeren jüdischen Familien — S. 38
3) Dokumentation „Die Steine des Dinslakener Friedhofs" — S. 50
4) Tod – Begräbnis – Trauer im Judentum — S. 188
   - a) Der Tod — S. 188
   - b) Das Begräbnis — S. 190
   - c) Die Trauerphasen — S. 194
5) Anhang:
   - Das Kaddisch — S. 196
   - Der jüdische Kalender — S. 198
6) Anmerkungen — S. 200
7) Quellen und Bildnachweis — S. 205

1. Die Dinslakener Juden und ihr Friedhof

a) Geschichte der Juden in Dinslaken

Als in den Jahren 1348-50 in Europa die Schwarze Pest ausbrach und etwa ein Drittel der Bevölkerung dahinraffte, suchten sich Angst und Hilflosigkeit der Menschen in der jüdischen Minderheit einen willkommenen Sündenbock. Die Behauptung ging um, die Juden hätten die Brunnen vergiftet, um die Christenheit auszurotten. Dieses Gerücht eilte oftmals der Pest voraus. In Pogromen wurden Juden vertrieben und getötet. Berichtet wird, dass z.B. in Duisburg Juden verbrannt wurden. In einem Verzeichnis werden auch Opfer aus Dinslaken genannt. [1]

Damit ist nachgewiesen, dass schon vor 1350 Juden in Dinslaken lebten. Sie waren wohl als Geldverleiher tätig. [2] Graf Johann, damals der Herr von Kleve (1347- 68), schaute den Pogromen der Jahre 1347 – 1350 tatenlos zu. Weder nahm er die Juden in Schutz noch bestrafte er die Schuldigen. [3]
In der Folgezeit benötigte er aber wegen der Fehden seines Hauses (u.a. Geldernscher Erbfolgekrieg, bis 1379) große Geldbeträge. So leiht er sich 1361, nur wenige Jahre nach den Pogromen, bei dem Juden Lyefmann in Dinslaken beträchtliche Summen. [4] Als Gegenleistung stellen der Graf und seine Frau Mechthild ihrem Geldgeber am 23. Mai 1361 einen Geleitbrief aus, gültig für die Städte Dinslaken, Orsoy und Büderich.

Juden im Rheinland und Westfalen vor 1350

In diesem Brief werden Lyefmann, Sohn des Vives, seine Frau Jutta und ihr Hausgesinde zu Schutzjuden erklärt.[5]
Gegen die Zahlung von „*sechs guten Goldschilden jährlich*" wurde ihnen Aufenthalt und Schutz gewährt. Sie durften in den genannten Orten wohnen und dort gegen Schuldbriefe oder Pfänder Geld ausleihen. [6] Schon hier wird deutlich: „Die Schutzansprüche der Juden traten .... gegenüber dem Besteuerungsrecht des Landesherrn in den Hintergrund, da das Judenregal durch verschiedene Steuern und Abgaben die Möglichkeit zu enormen Geldeinnahmen bot."[6a]
Fünf Jahre später, am 23. Mai 1366, verlängert der Graf den Geleitbrief für weitere sieben Jahre.

Und 1370 stellt sein Nachfolger, Herzog Adolf (1368-94), auch dem Vater des Lyefmann, Vives, einen Geleitbrief aus.[7] Immer wieder taucht in Urkunden der folgenden Jahrhunderte der Name Lyefmann (Liffmann oder Lifmann) auf. Der Name begegnet uns auch auf mehreren Steinen des Friedhofs (Steine D2; E7; E8; E9; G4). So können wir davon ausgehen, dass diese Familie bis zu ihrer Emigration 1933 - eventuell mit kurzen Unterbrechungen - sechs Jahrhunderte in Dinslaken ansässig war.

1520, zur Zeit der Reformation, wird dann in Urkunden *„Wilhelm de Joede"* als *„Rentmeister des Landes Dinslaken"* genannt. Er war mit einer Halbschwester des Herzogs Johann III verheiratet und wohnte von 1516 bis 1530 auf dem Dinslakener Kastell. Er pflegte gute Kontakte zu den Dinslakener Bürgern. So war er z.B., nachdem er Christ geworden war, Mitglied der St. Georgius Schützengilde.[8]

In den folgenden 140 Jahren wird über jüdische Bürger wenig berichtet. Immer wieder wurde unser Raum in Kriegshandlungen (spanisch-niederländischer Erbfolgekrieg, 30-jähriger Krieg, der sogen. 80-jährige Krieg) einbezogen.

Die Quellen sind deswegen für diese Zeit sehr lückenhaft.

Siegel des Rentmeisters „Wilhelm de Joede"

1661 kam es unter Johann-Moritz von Nassau (1647-79), brandenburgischer Statthalter im Herzogtum Kleve, zu einer Lockerung des Judengeleits.[9]

1687 verlieh der Große Kurfürst Friedrich Wilhelm allen Juden, die im Herzogtum Kleve wohnten, ein Geleitpatent. Sein Nachfolger Friedrich III (1688-1701 Kurfürst / 1701-13 König Friedrich I) erteilte allen Juden in Kleve 1690 gegen Zahlung einer Summe, die die Judenschaft aufzubringen hatte, ein Generalgeleit.[10]

Die Preußischen Herrscher förderten das jüdische Geschäftsleben. Wie andere Herrscher siedelten sie nach Zerstörung und Dezimierung der Bevölkerung gezielt jüdische Familien an, um den Orten wirtschaftliche Impulse zu geben. Sie sahen niemanden, der imstande war, Kredite zur Förderung der Wirtschaft zu geben. Hofjuden übernahmen wichtige Positionen im Handel oder übernahmen auch fiskalische Aufgaben (so in Kleve / Emmerich die Familie Gomperz). Aber auch jetzt blieb den Juden als Erwerbsquelle nur der Handel, Geld- und Pfandgeschäfte, sowie das Metzgerhandwerk. Alle anderen Handwerksberufe oder gar der Staatsdienst blieben ihnen verwehrt.[10a]

In dieser Zeit entstanden in unserem Raum neue jüdische Gemeinden, bestehende vergrößerten sich.[11]

Nach Dinslaken kamen in der Zeit nach dem 30-jährigen Krieg weitere jüdische Familien. So Moses Liefmann mit seinem Sohn, dem Fleischer und Viehhändler Hertz Liefmann aus Wesel. Sie erwarben ein Haus in der Neustadt. Wie aus erhaltenen Urkunden hervorgeht, lieh die Stadt sich mehrfach bei ihnen Geld.[12] 1691 kauft ein Elias Salamon von Philip uf dem Camp in der Altstadt am Holzmarkt ein Haus.[13] 1702 wird in den Akten der Stadt noch der Fleischer Hertz Andris erwähnt, der eine Abgabe für geschlachtete Rinder zu bezahlen hatte.

Die Namen Hertz Liefmann und Hertz Andris begegnen uns wieder in den Verträgen über den Friedhof, 1712 und 1722.

Die Zahl der jüdischen Familien nahm langsam zu. Lebte 1661 nur eine jüdische Familie in Dinslaken, so waren es 1701 drei (mit etwa 20 Personen). 1756 gab es fünf und 1809 zehn Familien.[14] Gehörten sie zunächst zum ärmeren Bevölkerungsteil, verbesserte sich doch im Laufe der Zeit ihre wirtschaftliche Lage. So gab es z. B. 1721 in Dinslaken drei jüdische Familien, die alle eine Metzgerei betrieben. [15]

In erhaltenen Verträgen und Schriftstücken werden sie als „*von seiner Majestät begleitete Juden*" bezeichnet. Sie sollten „*sicher und geleitlich*" leben. Offenbar lebten sie in Dinslaken im Einvernehmen mit der Bevölkerung.

Friedrich Wilhelm I (der Soldatenkönig) erließ 1730 ein neues Judenreglement. In den preußischen Gebieten wurden alle bestehenden Schutzbriefe aufgehoben. Nur noch die Regierung in Berlin hatte das Recht, Schutzpatente auszustellen. Das schien eine Erleichterung zu sein. Doch kam es in der Folgezeit für die Juden zu immer neuen finanziellen Auflagen. So wurden sie 1744 in Preußen zu einer Silberabgabe verpflichtet.[16] Ab 1750 erließ der preußische Staat (unter Friedrich II - dem Großen) weitere Auflagen, die die jüdischen Bürger zu erfüllen hatten.[16a] Nach der Verarmung des Staates durch den Siebenjährigen Krieg (1756-63) war es das Bemühen der Politik, Geldmittel für die Staatskasse zu gewinnen. So mussten die Juden in den Jahren 1769-88 bei ihrer Hochzeit, bzw. bei der Erlangung einer Geschäftskonzession eine gewisse Menge Porzellan von der Königlichen Porzellanmanufaktur kaufen, um sie im Ausland weiter zu verkaufen. [17] Der König verfügte für jüdische Familien eine Sondersteuer „beim Ansetzen des zweiten Kindes". Durch diese und weitere Sonderabgaben waren viele jüdische Familien Ende des 18. Jahrhunderts vollkommen verarmt.[18]

1806 begann dann am rechten Niederrhein die französische Herrschaft unter Napoleon.
Das brachte zunächst im Sinne der französischen Revolution für die Juden mehr Freiheit.
1802 hatte Napoleon in Frankreich die Juden den anderen Bürgern völlig gleichgestellt.
Diese Gleichstellung galt nun auch in den zu Frankreich gehörenden rheinischen Gebieten.
Alle Schutzbriefe mit ihren Auflagen wurden aufgehoben.
Doch die Begeisterung hielt nicht lange an, da Napoleon im März 1808 im sogen. „schändlichen Dekret" neue Beschränkungen für die jüdischen Bürger einführte. Jedoch galten Juden weiterhin als Bürger. Im Juli 1808 wurden sie durch ein neues Namensrecht zur Annahme fester Familiennamen verpflichtet. Viele jüdische Bürger wählten ihren zweiten Namen, d.h. den Vaternamen, als Familiennamen. So in Dinslaken die Familien Jacob, Moses, Isaacson, u.a.
In der Rückschau bleibt die napoleonische Zeit ein wesentlicher Schritt auf dem Weg der Emanzipation der rheinischen Juden.[18a]
1814 wurde der Niederrhein wieder preußisch. Das Namensrecht aus der französischen Zeit wurde übernommen. Auch in Preußen galten Juden nun als Staatsbürger, wenn „*sie fest bestehende Familiennamen führen*". Geleit- oder Schutzbriefe, über Jahrhunderte üblich, gab es nicht mehr.[19]
Juden wurden zu „*Einländern und Preußischen Staatsbürgern*" [19a]

In den folgenden Jahrzehnten ging der Prozess der Emanzipation und Akkulturation weiter. Akkulturation bedeutet hier im Unterschied zu Assimilation „die Aneignung einer Mehrheitskultur durch eine Minderheit, die eine eigene überlieferte Kultur mitbringt. .... Das Ergebnis war eine facettenreiche Kombination aus Angleichung, Bewahrung und Transformation zu einem besonderen ... kulturellen Bereich."[19b]
Viele Juden entwickelten jetzt eine starke emotionale Beziehung zu Preußen und zum Königshaus. Als z.B. Friedrich Wilhelm III 1840 starb, wurde in der Weseler Synagoge ein großer Trauergottesdienst gehalten. Die Predigt des Rabbiners erschien als ein mit Goldschnitt versehener Sonderdruck.[20]

Ihren Abschluss fand die Emanzipation der Juden im *„Gesetz betreffend die Gleichberechtigung der Konfessionen"* des Norddeutschen Bundes vom 3. Juli 1869. Es schloss ausdrücklich die jüdischen Bürger mit ein. *„Alle noch bestehenden, aus der Verschiedenheit des religiösen Bekenntnisses hergeleiteten Beschränkungen der bürgerlichen und staatsbürgerlichen Rechte werden hierdurch aufgehoben."* 1871 wurde diese Regelung für das neu entstandene Deutsche Reich übernommen. Doch war weiterhin der Staatsdienst (Justiz, Schule, Universität, Offizierslaufbahn) ausgenommen.[20a] Speziell für jüdische Soldaten wurde der Rang das „Feldwebelleutnants" geschaffen.

Im Zuge dieser Entwicklung und vor allem der Industrialisierung nahm die Anzahl der jüdischen Familien im 19. Jahrhundert in Dinslaken weiter zu.
Gab es 1776 nur sechs jüdische Haushalte in Dinslaken (Isaac Hertz, Erben des Philipp Andres, Abraham Michels, Jacob Isaac, Moses Liefmann, Witwe Hertz), so waren es 1809 bereits zehn.[21]

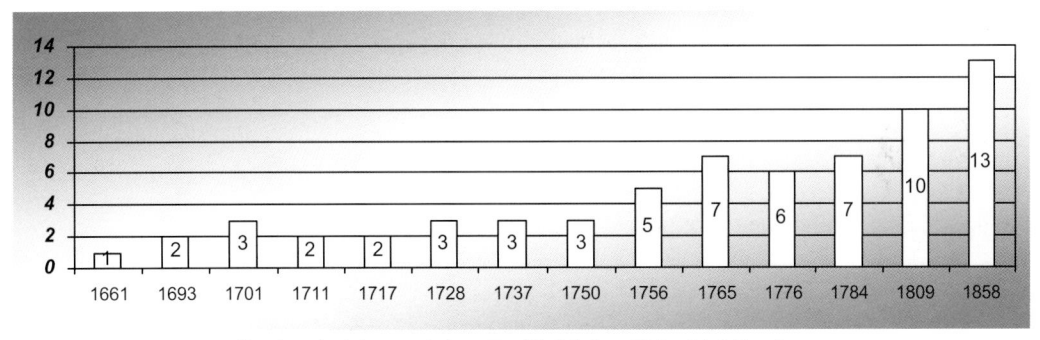

Anzahl der jüdischen Familien in Dinslaken nach dem Dreißigjährigen Krieg bis Mitte des 19. Jahrhunderts: [22]

Sie kamen als Kaufleute, Händler und Handwerker zu einem gewissen Wohlstand und hatten zum Teil eine angesehene Stellung in der Bürgerschaft.[23] Sie wurden später Mitglieder im Schützenverein oder Kriegerverein, oder gar Stadtverordnete.
1885 erwarb die Synagogengemeinde ein großes Gebäude zur Einrichtung eines Waisenhauses in der heutigen Neustraße, in das jüdische Kinder aus der ganzen Rheinprovinz aufgenommen wurden. Es erlangte eine große Bedeutung weit über Dinslaken hinaus. Es zeichnete sich aus durch ein fortschrittliches pädagogisches Konzept. Der letzte langjährige Leiter des Waisenhauses Dr. Leopold Rothschild war ein besonders fähiger Pädagoge. Mit seiner Frau Zippora und den eigenen Kindern lebte er mit den Kindern des Waisenhauses wie in einer großen Familie. Die Festschrift zum 50-jährigen Jubiläum aus dem Jahre 1935 ist erhalten. Sie spiegelt die Qualität der hier geleisteten Arbeit wieder. [24]
Am 6. April 1900 wurde der jüdische Bürger Elkan in die neu gebildete „Wasserwerks- und Beleuchtungskommission" gewählt. Der langjährige Vorsitzende der Dinslakener Kommission für den Viehmarkt, Hermann Lifmann, entwickelte mit starkem persönlichem Engagement das Modell eines kommunalen Seuchenfonds für den Viehmarkt (vgl. die Plakette an seinem früheren Haus Neustrasse). 1913 feierte, wie aus einem erhaltenen Zeitungsbericht hervorgeht, die Gemeinde mit einem großen Festprogramm das 100 jährige Bestehen ihrer Synagoge. Der Rat der Stadt und die Pfarrer beider Kirchengemeinden gratulierten zu diesem Ereignis.
Jüdische Bürger nahmen als Freiwillige am 1. Weltkrieg teil. Sie fühlten sich als deutsche Bürger jüdischen Glaubens. Nach dem Krieg gründeten sie 1921 einen Ortsverein des Reichsbundes jüdischer Frontkämpfer.[24a]

Die Juden waren meist Geschäftsleute. Arthur und Hugo Cohen betrieben an der Bahnstraße/ Ecke Roonstraße eine große Pferdehandlung. Sogar die Reichswehr gehörte in der Zeit nach dem 1. Weltkrieg zu ihren Kunden.

Die Familie Eichengrün betrieb ein Hut- und die Familie Elkan ein Schuhgeschäft.

Die Familie Bernhard gründete ein kleines Textilkaufhaus. Ihr Haus Ecke Neustraße/ Friedrich-Ebert-Straße steht heute noch. Es hat den Krieg überdauert.

Die Familien Stahl (Neustr.) und Isaacson betrieben jeweils einen Viehhandel und eine Metzgerei. Dr. Naumann (Bahnstr.) war praktischer Arzt und Julius Isaacson nutzte die für Juden seit 1871 neue Möglichkeit, einen Klempnerbetrieb zu unterhalten.

Alte Dinslakener haben mir erzählt, dass sie selbstverständlich in jüdischen Geschäften einkauften, etwa Textilien bei Bernhard, Haushaltwaren bei Scherbel, Fleisch bei Isaacson.

Der Geschäftsmann Hugo Cohn wurde in den 20er Jahren stellvertretender Bürgermeister und (1927) Schützenkönig des BSV.[25] Im gleichen Jahr 1927 erreichte die Zahl der jüdischen Bürger mit 301 ihren höchsten Stand.

Aus diesen Informationen wird die Selbstverständlichkeit und Akzeptanz jüdischen Lebens in Dinslaken deutlich. Die jüdischen Bürger waren voll integriert. Henry Bernhard schreibt: „Das Verhältnis zu den nichtjüdischen Bürgern war auf freundschaftlicher Basis."

Die großen Familien, die schon lange ansässig waren, waren untereinander verwandt: etwa Lifmann, Moses, Bernhard, Cohen. Die Grabsteine lassen das erkennen. Auffällig ist, dass die Kinder jüdischer Familien meist untereinander heirateten. Nur selten wählte man einen nichtjüdischen Partner.

Die kleine Gemeinde hatte bis zuletzt keinen eigenen Rabbiner. Wohl gab es Ende der 20er Jahre Gespräche und einen Schriftwechsel zur Einrichtung einer Bezirksrabbinerstelle in Dinslaken. Am Schabbat feierte die Gemeinde ihren Gottesdienst in der Synagoge, der, wie in kleineren jüdischen Gemeinden üblich, vom Vorbeter (Kantor und Schächter) Rudolf Hellmann geleitet wurde. Auch die Gottesdienste zu Beerdigungen wurden durch den Kantor Hellmann geleitet. Er war über 20 Jahre in Dinslaken tätig. Weil das Gehalt der Gemeinde nicht ausreichte, unterhielt er noch ein kleines Schokoladengeschäft in der Neustrasse. 1936 emigrierte er mit seiner Familie nach Israel.

Die Predigt im Schabbatgottesdienst übernahm in den letzten Jahrzehnten vor allem Dr. Leopold Rothschild, der Leiter des Waisenhauses. Er hat durch seine Erfahrung und seine Fähigkeiten die Organisation und das geistliche Leben der Gemeinde angeregt und stark geprägt.

Neben dem Kantor gab es noch einen Synagogenverwalter mit Namen Jacobi, von der Gemeinde angestellt. Zu besonderen Anlässen und zu Trauungen kam der Bezirksrabbiner aus Köln nach Dinslaken. Die jüdischen Familien feierten ihre Feste in traditioneller Weise. Zu Sukkot (Laubhüttenfest) hatten einige Familien (Kantor Hellmann; Familie M.S. Moses, u.a.) eine eigene Hütte (Sukka), die sie jeweils zum Fest auf ihrem Grundstück aufbauten.

Zu Purim (vergleichbar mit Karneval) und Chanukka (um die Weihnachtszeit) lud man auch nichtjüdische Freunde und Bekannte zum Festball im Saal Lettgen ein.

Die Gemeinde hatte außer der Synagoge, dem Friedhof und dem Waisenhaus noch eine Schule. Sie lag etwas zurückgelegen auf dem früheren Klostergelände hinter der Synagoge. Der Lehrer, der dort Dienst tat, war seit 1919 Staatsbeamter wie die Lehrer an den anderen Konfessionsschulen. Er unterrichtete in einem Klassenraum die Kinder mehrerer Jahrgänge. Sicher eine schwierige Aufgabe.

Ältere jüdische Kinder besuchten auch das Gymnasium, in dem Dr. Rothschild jüdischen Religionsunterricht erteilte.

Neben der Chewra Kaddischa (Beerdigungsbruderschaft) gab es in der Gemeinde einen aktiven Frauenverein unter der Leitung von Else Cohen, der Frau von Hugo Cohen. Der Verein hatte nach ihren Angaben 55 Mitglieder. Sein Hauptzweck waren Nachtwachen bei Sterbenden und die Sorge für Beerdigungen.

Das jüdische Waisenhaus 1927

Stein zur Erinnerung an das jüdische Waisenhaus

Schützenkönig Hugo Cohn mit der Frau des Bürgermeisters als Königin

Geschäftsanzeigen jüdischer Kaufleute

All das hörte in der Zeit nach 1933 auf. Angst machte sich breit. Fred Spiegel (geb. 1932), der seine frühe Kindheit in Dinslaken erlebte, erzählt, dass er mit seinem Großvater Louis Spiegel regelmäßig in den Stadtpark ging. „Er war fast mit jedem in der Stadt befreundet. Aber als ich fünf Jahre alt war (1937) veränderte sich die Situation. Mein Park war nicht mehr schön. Ältere Kinder begannen mich zu schlagen, warfen mit Steinen oder Dreck nach mir und nannten mich ‚schmutziger Jude'. Auch die Freunde meines Großvaters begannen, ihn zu beschimpfen." [25a]
Ein anderer ehemaliger jüdischer Bürger, der seine Kindheit in Dinslaken erlebte, schreibt über die Situation der Juden in der NS-Zeit: *„Wir versteckten uns hinter den Gardinen, wenn die SA vor unseren Fenstern marschierte: Wenn das Judenblut vom Messer spritzt..."* [26]
Viele jüdische Familien verließen schon vor 1938 Dinslaken und Deutschland. Anderen gelang das nicht. Andere aber konnten und wollten sich als Deutsche jüdischen Glaubens, als ehemalige Soldaten oder engagierte Bürger das Kommende nicht vorstellen.

In den Jahren nach 1933 ging die Zahl der jüdischen Bürger durch Emigration und Deportation schnell zurück. Bis es schließlich 1945 keine jüdischen Bürger mehr in der Stadt gab. Nur Gräber sind geblieben. Sie erzählen vom Leben jüdischer Familien über mehrere Generationen in unserer Stadt. Aber auch von Flucht, Deportation und Mord.

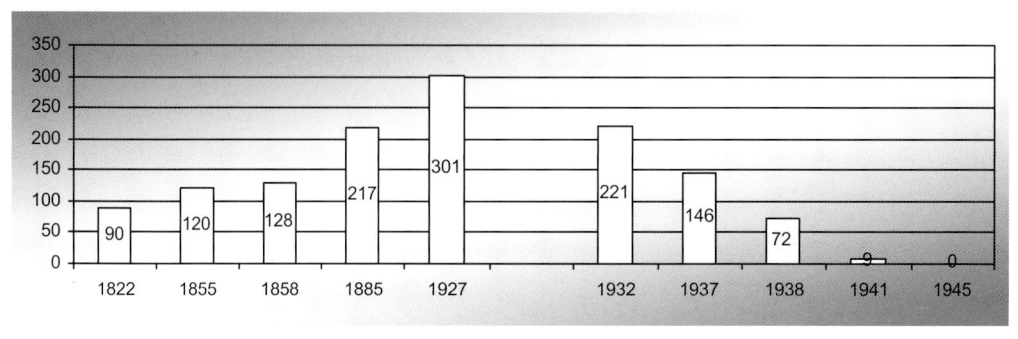

Jahr	1822	1855	1858	1885	1927	1932	1937	1938	1941	1945
Anzahl	90	120	128	217	301	221	146	72	9	0

Zahl der jüdischen Bürger Dinslakens vom Anfang des 19. Jahrhunderts bis 1945:

Die Synagoge:
Bis Anfang des 19. Jahrhunderts versammelten sich die jüdischen Bürger Dinslakens zu ihren Gottesdiensten in Privathäusern oder sie nahmen an den Versammlungen der benachbarten Synagogengemeinden Holten oder Duisburg teil. Als die Gemeinde aber wuchs, entstand der Wunsch nach einer eigenen Synagoge. Die finanzielle Situation ließ an die Realisierung dieses Wunsches denken.[27]
1810 erwarb die jüdische Gemeinde die ehemalige Kirche des früheren Augustinerinnen-Klosters Marienkamp an der Ecke Klosterstraße / Kaiserstraße (heute Friedrich- Ebert- Straße) zur Nutzung als Synagoge. Heute steht hier das Gebäude der Dresdner Bank. Eine Gedenktafel weist auf die Synagoge hin, die bis 1938 hier stand.
Das Augustinerinnen- Kloster Marienkamp lag seit 1434 zwischen der heutigen Kloster- und Wallstrasse. Von hier aus hatten sich die Schwestern Jahrhunderte lang um die Kranken und Armen der Stadt gekümmert. Durch die französische Herrschaft aber verlor das Kloster zunächst linksrheinische Besitzungen und damit einen Teil seiner Einnahmen. In den Jahren 1795/96 fanden dann viele Kriegsflüchtlinge aus Frankreich und den besetzten Gebieten Aufnahme im Kloster. 400 Menschen wurden in einem Jahr dort versorgt. Die Finanzen waren bald aufgebraucht, die Gebäude verfielen. Bei starkem Regen, so wird berichtet, standen Räume unter Wasser.

Schließlich stellten die Nonnen am 20. Juni 1807 nach 373-jähriger Geschichte selbst bei der französischen Regierung den Antrag auf Aufhebung des Klosters. Die Aufhebung erfolgte am 24. November 1808 nachdem vorher die Nonnen durch Pensionen abgefunden waren.[28]

Die französische Verwaltung bot darauf bei einer öffentlichen Versteigerung den gesamten Klosterkomplex zum Kauf an. Erst bei einem dritten Anlauf kauften am 20. September 1810 Dietrich Jungmann und der Postillion Bernhard Lehmkuhl für den Betrag von 7903 Francs und 22 Centimes den gesamten Klosterkomplex.[29]

Einen Monat später, im Oktober 1810, verkauften sie davon der jüdischen Gemeinde die Klosterkirche für 893 Francs und 45 Centimes. Über den Kaufpreis, der 1811 gezahlt worden war, kam es zu einem Prozess, der am 15.2.1817 damit endete, dass der Kaufpreis und der korrekte Eingang der Kaufsumme bestätigt wurden.[30]

Bei der Klosterkirche handelte es sich um eine gotische Kapelle mit Dachreiter, in Form und Ausmaßen ähnlich der Kirche des Klosters Marienthal/Hamminkeln. Auf der bekannten Stadtansicht von Dinslaken aus dem Jahr 1610 ist der Giebel mit dem kleinen Türmchen deutlich erkennbar.

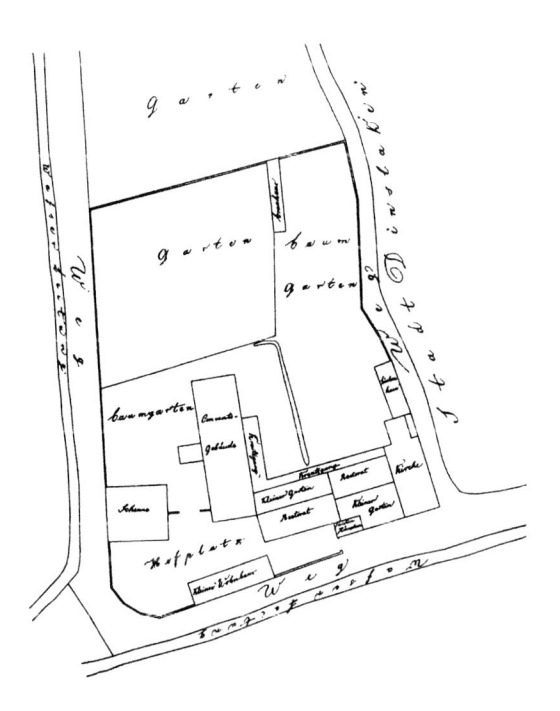

Als die Jüdische Gemeinde das Kirchengebäude übernahm, befand es sich in einem sehr schlechten baulichen Zustand. Fenster und Türen waren ausgehoben, ein Gewölbe heruntergefallen, der Giebel eingestürzt.[31]

Im Jahre 1812 beantragte der Vorstand der jüdischen Gemeinde beim Maire (Bürgermeister) Noot einen Zuschuss zur Sanierung und zum Umbau der Klosterkirche.

Aus dem Schreiben des Vorstands geht hervor, was die Gemeinde mit dem Gebäude vorhat:

„Das Gemäuer bleibt stehen und ist dasselbe auf 60 Fuß Länge und 18 Fuß Höhe. Die eigentliche Kirche ist 38 Fuß lang, und aus den übrigen 22 Fuß wird eine Wohnung für den Schullehrer eingerichtet, welche unten die Schule, eine Stube und oben zwei Stuben mit dem Frauenkirchplatz enthalten soll.

Plan des Klosters Marienkamp

Dieser ganze Bau wird mit Einschluss des Ankaufpreises nach dem Voranschlag reichlich 2000 Rtlr. clevisch kosten. Wir mussten wegen des bisherigen beengten Zustandes auf Mittel bedacht sein, endlich eine eigene Synagoge zu bekommen.
So klein unsere Gemeinde auch ist, so haben wir doch .. ein Capital von 1250 Rtlr. Gesammelt.
Dinslaken, 12. April 1812." [32]

Im hinteren Gebäudeteil der Synagoge wurde beim Umbau neben einer Lehrerwohnung eine jüdische Elementarschule mit einem Klassenraum eingerichtet. Ein regelmäßiger Betrieb der Schule kann erst ab 1824 nachgewiesen werden. 20 Schüler besuchten damals diese Schule.[33]

Aus den Aufzeichnungen der Gemeinde geht hervor, dass die Lehrer an ihrer Schule mit Ausnahme der Lehrer Leopold Wormser und Dr. Leopold Strauß oft wechselten.[33a]

1882 wurde die Schule erweitert. Sie wurde nun in einem Gebäude hinter der Synagoge eingerichtet. Ein ehemaliger Schüler, der um 1930 diese Schule besuchte, schreibt: *„Am interessantesten war die Schule. Alle acht Klassen waren in einem Raum, Mit Nostalgie gedenke ich meiner drei Lehrer: alle seligen Angedenkens. Um so einen Schultag zu beschreiben, gehört beinahe so viel Talent wie ihn zu leiten. Ein Teil der Schüler war oft auf dem geräumigen Schulhof. Dort stand ein riesiger Walnussbaum, der im Herbst besonders anzog. Zu jener Zeit hatten wir noch keine Elektrizität, es wurde mit Gas beleuchtet. Inmitten der Klasse stand ein riesiger Ofen. 1934 verließ ich die Schule."* [34]

Die Synagoge der Dinslakener Gemeinde etwa 1910:   Außen- und Innenansicht

1893 wurde die Synagoge nach dem Entwurf des Baumeisters Müller aus Essen gründlich umgebaut. Weitere Veränderungen an der Außenfront erfolgten noch einmal 1910. Das Gebäude hat damals das Aussehen bekommen, das wir von alten Fotos kennen. [35]

Ein ehemaliger Schüler des Waisenhauses erinnert sich: *„Die Synagoge an der Hauptstrasse war in meinen Kinderaugen wirklich ein Kleinod. Klein – aber groß. Es war dort ein herrlicher Thoraschrein. Wir beteten dort zumindest jeden Sabbat, Die Gemeindeglieder waren meist einfache Leute (Kaufmänner, Viehhändler und Handwerker)".* [36]

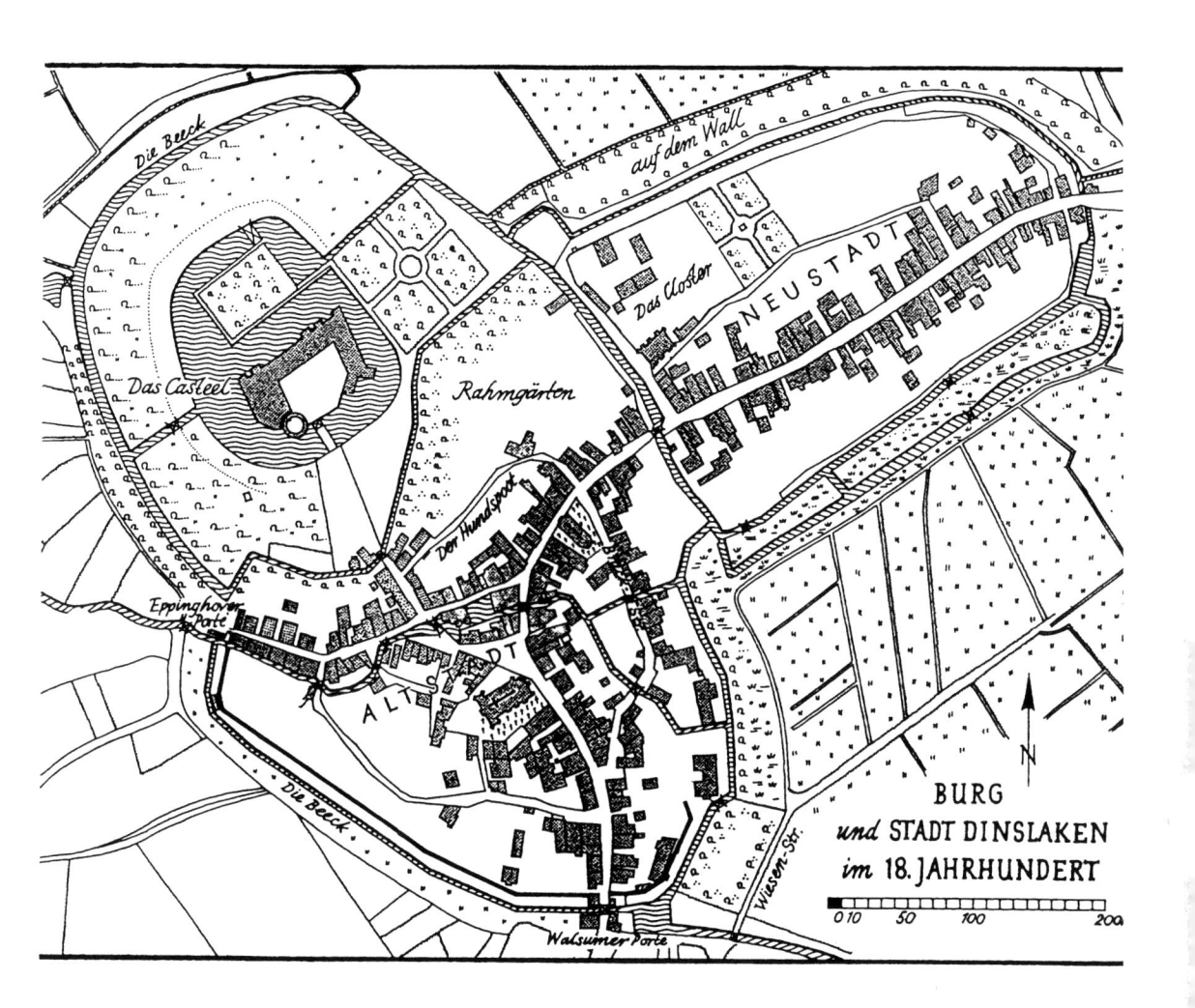

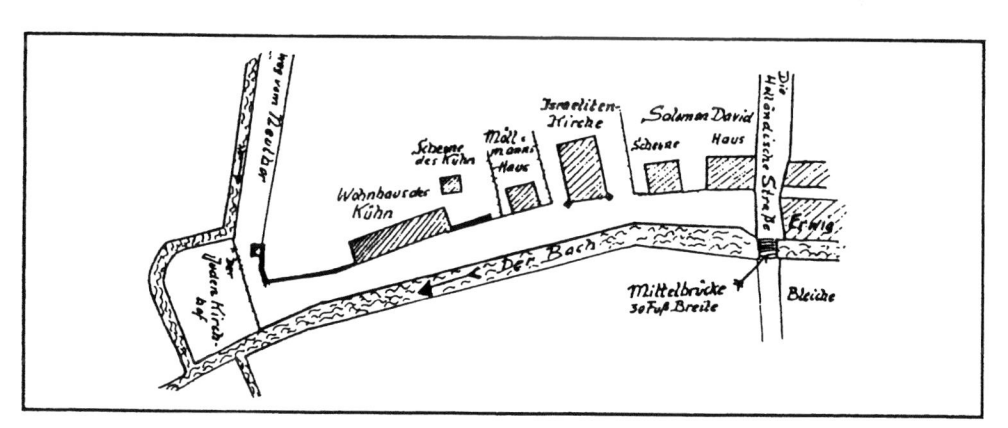

Judenfriedhof und Synagoge auf einem alten Stadtplan: Von links: „Der Judenkirchhof" (heute Kreisverkehr), „Weg vom Neuthor (heute Wallstraße), „Der Bach" (Nebenarm des Rotbachs, heute Friedrich-Ebert-Str.), „Israelitenkirche" (heute Dresdner Bank), „Die Holländische Straße" (heute Neustr.)
(nach B. Schön)

Aus dem Protokollbuch der Synagogengemeinde und dem Brief einer ehemaligen jüdischen Bürgerin geht hervor, dass die Synagogengemeinde auch über eine Mikwe (Frauenbad) verfügte. In einer Sitzung des Vorstandes vom 28.2.1914 wird bestimmt, dass auswärtige Frauen für die Benutzung der Mikwe 1,50 M zahlen sollen. [37] Eine ehemalige Dinslakenerin schreibt: *„Es gab in Dinslaken auch ein rituelles Bad, hebr. „Mikwe" genannt. Ich weiß dieses, da meine Familie Isaacsohn orthodoxe Juden waren. Meine Mutter, die nach Dinslaken heiratete (1911) hat dasselbe Bad aufgesucht."* [38]

Wo genau die Mikwe lag, ist nicht mehr auszumachen. Sie hat wohl im Bereich der Synagoge bzw. Schule gelegen, d.h. auf dem Gelände des heutigen Parkplatzes hinter dem Gebäude der Dresdner Bank.

b) Die Geschichte des Friedhofs:

Als im Jahr 1810 die jüdische Gemeinde die alte Klosterkirche kaufte, um sie zur Synagoge umzubauen, gab es schon fast 100 Jahre den alten Friedhof auf dem sogen. „Doel", einem Grundstück an der Stelle des heutigen Kreisverkehrs. Dort, zwischen der Alt- und Neustadt, kamen später die Kaiserstraße (heute Friedrich Ebert- Str.) die Wallstraße, die Althoffstrasse und die Schillerstraße zusammen.

Dieses Grundstück, auf alten Plänen auch als „Duhl" bezeichnet, gehörte der Jodokus-Gilde, einer der Dinslakener Schützengilden.[39] Es war von einem Arm des Rotbachs (Mühlenkanal) umgeben und von Bäumen bestanden. „Doel" bedeutet ursprünglich (wie im Niederländischen) das Ziel, nach dem geschossen wird („das" Doel), dann aber auch den Kugelfang, den man durch das Aufwerfen eines Hügels gebildet hatte. Schließlich bezeichnete „Doel" den gesamten Schießplatz („der" Doel).

Vom Doel der Georgi- Schützen (am Eppinghovener Tor) wissen wir, dass der umgebende Graben 1617 neu aufgeworfen wurde. Der Schießplatz war das Jahr hindurch verpachtet. Die Verpachtung der Gras- und Fischgerechtsame gehörte zu den festen Einnahmen der Gilde.[40]

Ähnlich wird es auch bei dem Doel der Jodokus-Gilde gewesen sein, die ihren Doel 1695/96 eingerichtet hatte.

Die jüdischen Familien in Dinslaken (es waren zwei oder drei) suchten um das Jahr 1710 nach einem Grundstück für die Beerdigung ihrer Toten. Wenn man sich vorstellt, was es in damaliger Zeit bedeutete, die Verstorbenen in einem Leichenzug bis Holten oder Duisburg zu bringen, um sie dort beizusetzen, versteht man ihren Wunsch nach einem Friedhof in Dinslaken.[41]

1712 kam es zwischen der Jodokusgilde und einer der jüdischen Familien zu einer Vereinbarung. Dem *„von seiner königlichen Majestät begleiteten Juden Andries Joseph wird vergönnt und zugelassen, dass er und seine Frau ... auf der unserer Gilde zugehörigen Duhlen ihr ... Begräbnis ohne einigen Widerspruch haben und genießen sollen."* [42] Die Vereinbarung galt für die ganze Familie. Dafür sollte sie *„30 Taler preußisch"* an die Gilde zahlen.

Offenbar kam es aber in der Folgezeit zu Streitigkeiten, weil nicht klar war, ob das Begräbnisrecht auch für die zwei anderen jüdischen Familien galt.

Die Regierung in Kleve wollte die Angelegenheit geregelt wissen. Sie empfahl, dass sich die Beteiligten *„in Güte"* zusammensetzen sollten, *„damit die begleiteten Juden einen Platz haben, allwo sie ihre Todten begraben mögen."* [43] Die empfohlene Zusammenkunft fand am 13. September 1721 nachmittags um 2 Uhr statt.[44]

Möglicherweise war schon hier der später im Gildenbuch der Jodocus Gilde genannte Bürgermeister H. Schlun anwesend. (Johannes „Hannes" Schlun war von 1710-28 Bürgermeister der Neustadt.)[45] Über das Ergebnis der Besprechung ist nichts bekannt.

Vertrag der St. Jodoci Schützengilde mit der Judenschaft vom 24. Juni 1722

> Vormals ist zwar den allhier in der Stadt Dinslaken begleiteten Juden auf dem also genannten runden Duhlen, hinter den Kloster Marienkamp gelegen, und der Gilde St. Jodoci gehörig, ihre Toten gegen ein gewisses und einig gewordenes Teil Geld für dieses Mal zu begraben zugestanden worden.
>
> Nachgehend aber ist unter den Gilden Brüdern St. Jodoci und allen wohnhaften und begleiteten Juden darüber einige Missliebigkeit und Streit entstanden.
>
> Also haben auf heut dato, unten benannt, die St. Jodoci löbliche Gildebrüder mit hiesigen Juden Andries Joseph und dessen Sohn Koppel Andries sich zusammengetan und folgender Gestalt contrahiert, dass die St. Jodoci Gilden Brüder ihm, dem besagten Andries Joseph, dessen Sohn Koppel Andries und des verstorbenen Hertz Liffmanns (Wittibe) Witwe hiermit und in Kraft dieses erblich überlassen und cedieren das jus sepeliendi, oder Begräbnisrecht, auf dem vorhin benannten runden Duhlen über die Summa von sechs und dreißig Thalern Clevischer Währung, dergestalt, dass sie hinfüro nicht allein für sie (Ihnen) zusteht, sondern auch für ihre gäntzliche Familie, als (da sind) Sohn und Tochter, Knecht und Magd, Praeceptor (Hauslehrer) und dergleichen zusteht, so ihre Haushaltung (es) erfordert,
>
> ....wie denn auch für alle die, welche sich künftig allhier in Dinslaken in der zuforderst von Sr. Königl. Majest. in Preußen, unserem allergnädigsten Herrn, begleiteten Judenschaft niederlassen werden, ohnentgeltlich und begründet begraben werden sollen und wollen.
>
> Sollte es sich aber zutragen, dass ein frembder Jude oder Jüdin, so unter der oben benannten Familie nicht gehörig, allhier in Dinslaken verstürbe, oder von außen verstorben gebracht werden mögte, in solchem Fall soll solcher Arme ohnentgeltlich begraben, der Bemittelte aber des Begräbnis halber sich mit der Gilde abfinden (einigen).
>
> Jedoch soll nur der oberste Teil vom ganzen Duhlen so mit Gras bewachsen dem Begräbnisrecht unterworfen sein, und das unterste Teil ringsum, so von dem obersten separiert und zum Garten gemacht und mit jungen Eichenbäumen als Wehr- und Grenzpfähle bepflanzt werden soll, darunter nicht gehören, sondern soll allezeit zur freien Disposition zum Wohl der Gilden sein und bleiben.
>
> Vor allem aber ist vorbehalten, dass in Krieges Zeiten und sonsten der Stadt ihre .... und Wachen auf dem sowohl ober- als auch untersten Teil des nachgenannten Duhlens unbeschränkt zu exerzieren freistehen soll.
>
> Ingleichen soll es den St. Jodoci Gildebrüdern, ihre convenientes oder Zusammenkünfte künftig auf dem obersten Teil so oft als nötig zu halten, hiermit vorbehalten sein und bleiben.
>
> Welches zu .... Urkund also verabredet geschlossen, und zwei gleichlautende von beiderseits Kontrahenten (Vertragspartner) unterschriebene Kontrakte (Verträge) dieserhalb ausgefertigt.
>
> So geschehen, Dinslaken, den 24. Juni 1722
>
> *Andres Joseph*
> *Coppel Andrieß*

In diese Zeit fällt dann die Beisetzung eines geachteten Gemeindeglieds, des im vorigen Kapitel genannten Metzgers Hertz Lifmann, der auf dem Friedhof in Holten – heute noch vorhanden - beerdigt wurde, obwohl aus Sicht der Gilde eine Beerdigung auch in Dinslaken möglich gewesen wäre. Man hatte nur nicht gefragt.

So heißt es im Gildebuch der Jodokus-Schützen: *„Nota, den 25. Oktober 1721 ist der alte Jude Herz Liefmann gestorben und hat die Gilde, wiwol Sie Zuvor nicht geweigert, keine Ansprache wegen dessen Grabstätte auf dem Duhlen thun lassen, sondern Er ist des folgenden Tages nach Holten zu begraben hingebracht worden.*
Sodan haben die sämtlichen Juden allhier mit den H. Officieren und Körgenossen von einem Stück auf dem Duhlen zwar einen Kauf gemacht auch soweit sie es haben wollten, abgepfählt etc."[46]

Der erwähnte Kauf wurde rückgängig gemacht. Am 11.6. 1722 kam es aber *(„de Novo")* zu einem endgültigen Vertrag. Im Gildenbuch der Jodukus-Schützen heißt es über den erneuerten Vertrag: *„Weiter ist dieß Anno 1722, den 24. Juny de Novo mit den allhier wohnenden Juden ein Kontract gemachet wegen deren beständigen Begräbnis auf unsere Duhlen, wie solches die copia des contracts so der Zeitl. Bürgermeister H. Schlun aufgesetzet, ausweiset und in der Gilden-Kiste ist eingeleget worden. Das Gelt ad 34 Tlr. Ist laut obligation von Georg Wilhelm Biesenbruch aufgenommen zu pension."* [47]

Nach den weiteren Bestimmungen des Vertrags wurde das *„obere Theil des Duhlen mit Gras bewachsen"*, den Juden *„wirklich überlassen, und sollte dem Begräbnisrecht unterworfen seyn."*

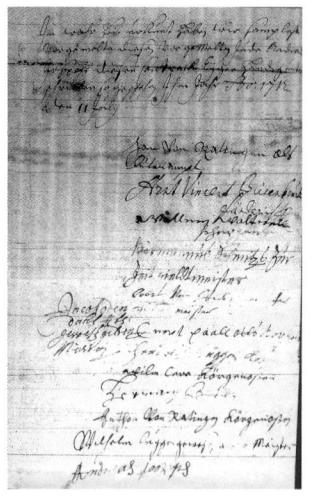

Das untere Theil sollte *„separiert bleiben, zur freien Disposition der Gilden seyn und bleiben, dass sie im Krieges Zeiten und auch sonst unbeschränkt dort exerzieren konnte."* [48] Auf dem obersten Teil sollten weiterhin die Zusammenkünfte der Gilde (gedacht ist wohl an die einmal jährlich einberufene Gildenversammlung) stattfinden. Man hat sich offenbar schwer getan, auf das Grundstück ganz zu verzichten.

Offenbar gab es aber weitere Unklarheiten und Schwierigkeiten – verständlich, wenn man bedenkt, dass die Schützengilde das Grundstück neben einem für den Friedhof *„abgepfählten"* Teil nutzte.

1792 war es dann soweit. In einem neuen Vertrag wurde vereinbart, *„dass der begleiteten Judenschaft nunmehr der hinter dem Kloster Marienkamp hierselbst gelegene Grundt eigenthümlich"* gehörte.

Unterschriften unter der ersten Vereinbarung von 1712

Das Begräbnisrecht galt nun auch für den unteren Teil. Nur einmal im Jahr, am 31. Mai, sollte dort noch eine Gildenversammlung abgehalten werden.[49]
Am 21. Mai 1829 wurde durch die Repräsentanten der inzwischen vereinigten Jodokus- und Georgigilde das Eigentumsrecht noch einmal bestätigt. Die Vertreter *„der jetzt vereinigten Jodocus- und Georgi- Gilde"* verzichteten *„ für ewige Zeiten auf das Recht, eine Gilde Versammlung auf dem ... an die Judenschaft verkauften, zu dem Kirchhof verwandten Grundstück, halten zu können."* Die Judenschaft hat der Gilde dieses Recht *„heute mit fünf Thalern courant abgekauft, deren baren und richtigen Empfang die untengezeichneten Officiere bestätigen".*[50]
Damit waren die Eigentumsverhältnisse endgültig geklärt. Der Grund für unliebsame Begegnungen und Streitigkeiten war ausgeräumt.

An der Geschichte der Entstehung des Jüdischen Friedhofs wird deutlich:
- Man hat sich schwer getan, das Grundstück zu verkaufen.

- Der jüdische Friedhof ist 100 Jahre älter als die Synagoge.
- Den jüdischen Bürgern war der Friedhof wichtiger als die Errichtung einer Synagoge.

Dazu schreibt Michael Brocke, Professor für Judaistik: *„Zu den ersten Einrichtungen, die sich eine jüdische Gemeinde zu schaffen sucht, gehört der Friedhof, denn die würdige Bestattung und die dauerhafte Ruhe der Toten zählen zu den selbstverständlich gewordenen Geboten."* [51]

Gemeinsam mit den Gemeinden Duisburg, Ruhrort und Holten finanzierte die Dinslakener Gemeinde bis Ende des 18. Jahrhunderts einen eigenen Totengräber.[52]

1740, wenige Jahre nach Einrichtung des Friedhofs, wurde in der jüdischen Gemeinde eine *„Chewra Kaddischa"* (aram. = heiliger Verband), eine Beerdigungsbruderschaft gegründet.

Die Bildung dieser „Chewra", die es in fast jeder jüdischen Gemeinde gab, folgte aus der Errichtung eines Friedhofs. Ihre Aufgabe war die ehrenamtliche Betreuung von Kranken und Sterbenden, die rituelle Waschung der Toten und die Durchführung aller zu einem Begräbnis notwendigen Aufgaben. [53]

Die Namen der Mitglieder der Chewra Kaddischa; erste Seite des Legbuches von 1834

Weiterhin sorgte sie dafür, dass mittellos Verstorbene (auch sogen. Wanderjuden, die als Hausierer unterwegs waren) durch Spendengelder eine würdige Bestattung finden.[54]

Das „Legbuch" der Dinslakener Chewra aus dem Jahre 1834 ist erhalten. Hier sind die Namen der Mitglieder und deren Spenden eingetragen. Aus den Eintragungen kennen wir die Namen der Mitglieder von den 1830er Jahren bis in die 1930er Jahre.[55] Dr. Siegfried Rothschild, Sohn des

letzten Leiters des jüdischen Waisenhauses, schreibt über die Beerdigungsbruderschaft in den 1920er Jahren: *„Die Sorge für die Beisetzung verstorbener Gemeindeglieder trug die Chewra"* [56]
Nach gut hundert Jahren wurde der Friedhof zu klein. Im April 1857 kam es zu einer Erweiterung.[57] Die wachsende Gemeinde kaufte ein Grundstück im Anschluss an den Friedhof neben der heutigen Schillerstrasse, in Richtung Amtsgericht. Das gesamte Areal hatte nun eine Größe von rund 1500 qm.

Mit den Gräben, die das Grundstück umgaben, gab es gelegentlich Schwierigkeiten. Sie waren alt und wurden wenig gepflegt. Am 15.3.1867 teilt Levy Kahn der Stadtverordnetenversammlung im Auftrag der jüdischen Gemeinde mit, dass der Graben am Friedhof eingestürzt sei. Für die Verfüllung des Grabens und eine neue Einfriedigung seien 6000 Taler erforderlich. Er bittet die Stadt um einen Zuschuss von 500 Talern.[59]

Etwa ab 1900 wurde auch der erweiterte Friedhof zu klein. Ein altes Foto aus den Jahren um 1910 zeigt, dass er belegt war.[58]

Die Stadt hatte gerade im wachsenden Dinslaken den Friedhof am Neutor geschlossen und auf dem Gelände des Bremerhofs (heute Parkfriedhof an der Willy Brandt-Strasse / B 8) einen neuen Friedhof erstellt.

Der erweiterte Friedhof in der Innenstadt; die Straße nach rechts vor dem Friedhof die heutige Schillerstrasse etwa 1910

Die Synagogengemeinde bat die Stadt, ihr dort zwei Morgen für einen neuen Friedhof zur Verfügung zu stellen. Im Protokollbuch der Synagogengemeinde heißt es unter dem 4. Juni 1906: *„Bei der Stadt soll der Antrag gestellt werden, der Synagogengemeinde zwei Morgen von dem Grundstücke .... zu überlassen."*[60]

Über die Reaktion der Stadt vermerkt das Protokollbuch der Synagogengemeinde (9. Dezember 1906): *„Der Beschluss der Stadtverwaltung wird zur Kenntnis genommen, der Synagogengemeinde 1 ½ preußische Morgen zur Umlegung des Friedhofs zum Selbstkostenpreis zur Verfügung zu überlassen"*[61] Der Preis von 2000 Mark wird akzeptiert.

Dinslaken, den 8. ten Juni 1907.

Königliches Katasteramt

Kartenblatt (Flur) 8
Ungefährer Maßstab 1 : 2300
Katasteranweisung V. Muster XI. zu § 76.

462/8 gr. 3825 ar   Synagogen Israelitische Gemeinde

Formular Nr. 51. Halbe Bogen.

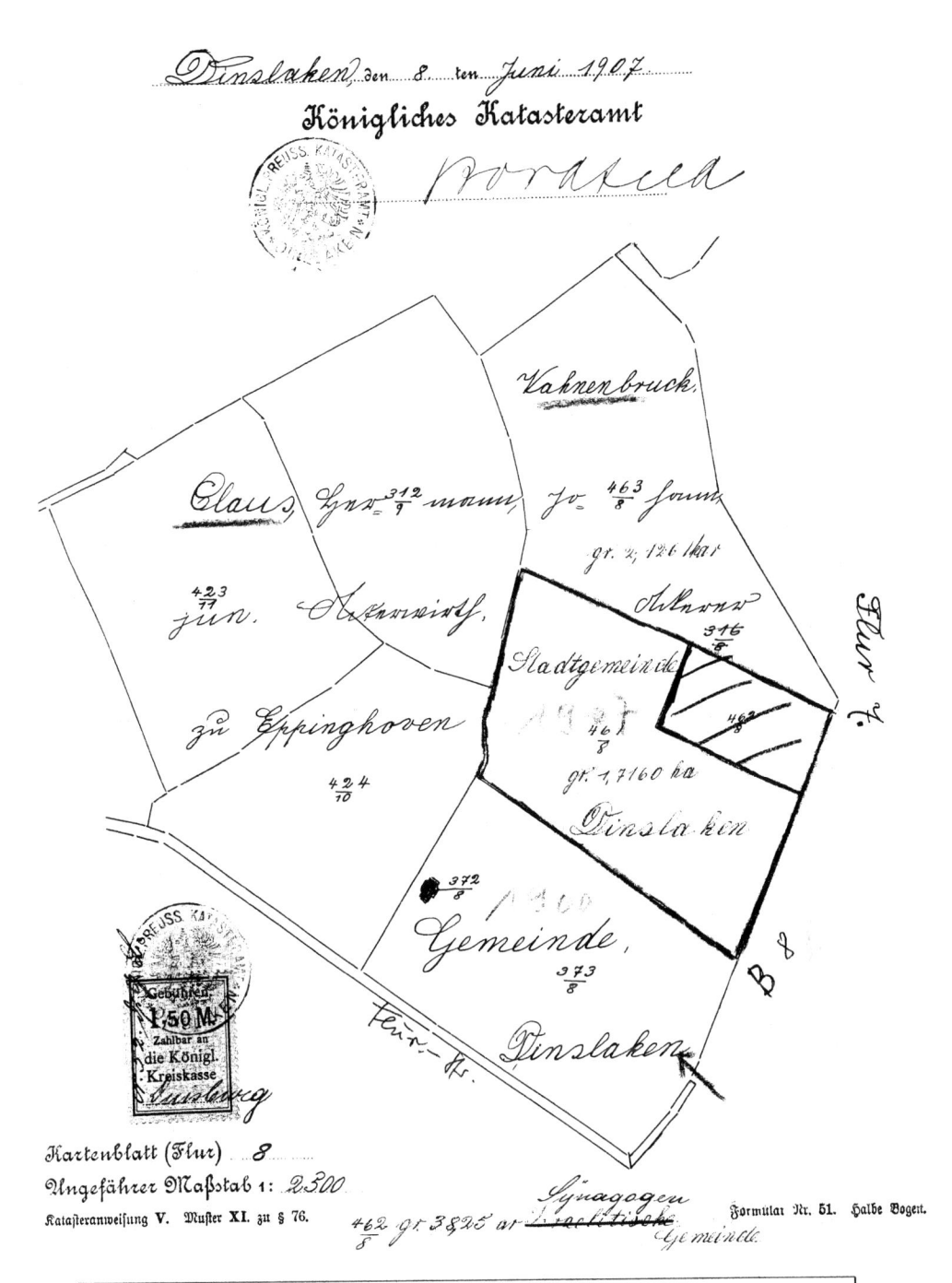

Katasterblatt vom 8. Juni 1907 über die Erweiterungsflächen des Friedhofs. Die schraffierte Fläche wurde für den jüdischen Friedhof ausgewiesen. Erkennbar ist, dass die Fläche des jüdischen Friedhofs ursprünglich bis zur Verbandsstraße (B 8) reichte.

Die Gemeinde brachte den Kaufpreis durch eine Spende von 1000 Mark und ein Darlehen auf.[62]
Der neue Friedhof wurde bepflanzt und mit einem 1 ½ Meter hohen Zaun versehen.[63]
Die Finanzierung erfolgte durch den Verkauf einer Parzelle im Averbruch an Otto Freundlieb für 4800 Mark. Die jüdische Gemeinde musste zuvor eine Verkaufsgenehmigung bei der königlichen Regierung in Berlin einholen.[64]
Nach den Daten auf den Grabsteinen können wir davon ausgehen, dass ab 1907 nur noch auf diesem neu eingerichteten Friedhof beerdigt wurde. Die Belegung begann auf der rechten Seite des Friedhofs, mit der Reihe B.[65]
1910 errichtete die Gemeinde in der Mitte des Friedhofs eine kleine Leichenhalle, ein sogen. „Taharahaus".[66] Dieses dient auf einem jüdischen Friedhof nicht nur der Aufbahrung der Verstorbenen und der Trauerfeier, sondern auch der vorgeschriebenen und rituellen Leichenwäsche (Tahara).[67]

Der alte Friedhof in der Stadt aber wurde weiter Instand gehalten. So wurde am 3.8.1913 noch ein Betrag von 1100 Mark für die Umzäunung des alten Friedhofs gestiftet.[68] Als 1925 der Parkgraben bis zum Rotbach kanalisiert (Er verläuft heute unter der Althoffstraße) und der alte Graben, der den Friedhof umgab, zugeschüttet wurde, beteiligte sich die Synagogengemeinde an den Anliegerkosten.[69] Nach der Verfüllung des Grabens beschloss man am 15.2.1925 noch, an seiner Stelle einen Zaun zu errichten. Eine Kommission wurde dazu eingerichtet.[70]

Durch die Industrialisierung war Dinslaken schnell weiter gewachsen. 1912 erstellten Rat und Verwaltung einen neuen Fluchtlinienplan. Teile des alten jüdischen Friedhofs standen jetzt der geplanten Verkehrsführung im Wege.
Die jüdischen Bürger protestierten gegen den Plan. Verständlich, wenn man weiß, dass nach jüdischer Auffassung Gräber auf Ewigkeit hin angelegt sind, sie also nicht aufgehoben werden sollen. Die jüdische Gemeinde versuchte durch einen Antrag an die Denkmalbehörde die neue Verkehrsplanung zu verhindern.[71] Dies hatte aber keinen Erfolg.
Das Straßenproblem wurde dringender. Wegen der unübersichtlichen Verkehrsführung war es inzwischen im Bereich des Friedhofs zu einem Unfall gekommen.
Am 20.4.1925 bat die Gemeinde den „Verein für jüdische Interessen im Rheinland" (Köln) um Rat. Von dort erhält man die Auskunft, dass nach jüdischer Auffassung dem Toten die Erde gehört, in der er ruht. Eine Aufhebung von Gräbern sei nicht möglich.[72]
Inzwischen hatte man der Kreis- Ruhrorter Straßenbahn, die ein Gleis zum Bahnhof legte, schon die Aufstellung von zwei Masten für die Oberleitung auf dem Friedhof erlaubt.[73]
Am 23.4.1925 beschließt der Bauausschuss der Stadt, ohne eine Einigung mit der jüdischen Gemeinde erreicht zu haben, die Aufhebung des alten Teils des Friedhofs. Die jüdische Gemeinde wird um eine um Stellungnahme gebeten.[74]
Die Gemeinde antwortet am 20.7.1926: *„Wir können aus religiösen Rücksichten nicht zugeben, dass der Friedhof über kurz oder lang fallen soll, um dort einen Verkehrsplatz einzurichten".*[75]
Man bittet die Stadt noch einmal, die Änderung der Verkehrsführung zu bedenken.
Gleichzeitig bittet man die Synagogengemeinde in Breslau um Rat. Dort gab es das gleiche Problem, dass der Friedhof einer neuen Verkehrsführung weichen musste. Von dort teilt man kurz darauf der Gemeinde in Dinslaken mit, man habe der Aufhebung des Friedhofs zugestimmt, da der Friedhof nicht mehr benutzt wird, dass aber die Knochenreste umgebettet und die Grabsteine anderweitig aufgestellt würden.[76]
Dieser Lösung hat sich die Gemeinde dann angeschlossen.[77] Nachdem man am 11.12.1926 noch einmal Widerspruch gegen den Fluchtlinienplan eingelegt hat, kommt es am 28.1.1927 zu einer Einigung. Verhandlungsführer waren Dr. Rothschild, Direktor des jüdischen Waisenhauses, und Stadtbaurat Nottebaum.

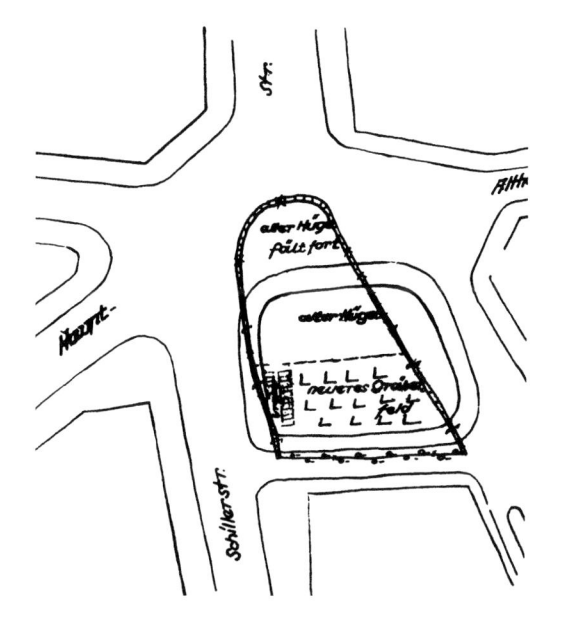

Die Verkehrssituation am heutigen Kreisverkehr um 1920   Einzige Aufnahme mit dem Tahara- Haus von 1910, rechts

In der Niederschrift heißt es: *„Nach eingehenden Verhandlungen und Prüfungen der Fluchtlinienangelegenheit am israelitischen Friedhof herrscht Übereinstimmung darin, dass infolge der Unübersichtlichkeit, die durch den in der Straßenkreuzung liegenden Hügel des Israelitischen Friedhofs verursacht wird, ein Gefahrenpunkt entstanden ist.*
Sie (die Gesprächspartner) kamen zu der Überzeugung, dass gegenüber dem obersten Gesetz der jüdischen Religion, dass durch die Ausübung von Geboten niemals Leben und Gesundheit von Menschen gefährdet werden dürfe, das Gebot der Unantastbarkeit der Friedhöfe zurücktreten müsse."[78]
Die Grabreste und Steine sollten auf den hinter dem Hügel liegenden Teil übertragen werden. Die Arbeiten sollten sofort beginnen. Die Kosten übernahm die Stadt.
Der Jüdische Gemeindevorstand erklärt sich am 3.3.1927 mit der Abtragung des Friedhofhügels einverstanden.[79] Die Unversehrtheit der Lebenden stand für sie nun über dem Gebot des ewigen Ruherechts.
Schon bald wurde der Hügel des Friedhofs, der in die Verkehrsfläche hineinragte, abgetragen. Von den Arbeiten gibt es ein Erinnerungsfoto. Immer war ein Mitglied der Gemeinde anwesend und sammelte die zutage tretenden Gebeine in acht Säckchen, die zuvor der jüdische Frauenverein genäht hatte. Diese Gebeine wurden dann in einem Sarg, aber auf dem neuen jüdischen Friedhof an der heutigen B 8 beigesetzt.[79a]
Die Steine vom Friedhofshügel, dem alten Duhl, wurden auf den hinteren Teil des alten Friedhofs umgesetzt. Dazu gehörten die elf heute noch vorhandenen Steine mit Jahreszahlen vor 1857, dem Jahr der Erweiterung des Friedhofs.
Nach dem Umsetzen der Steine vom alten Duhl dachte man darüber nach, den gesamten Friedhof in der Stadt aufzuheben. Am 9. Juni 1933 kommt es zu einer diesbezüglichen Erklärung der jüdischen Gemeinde an die Stadt. Aus ihr geht hervor, dass die Jüdische Gemeinde ihren alten

Friedhof ganz aufgeben will. Das Gräberfeld darf aber nur zu einer Rasenfläche umgewandelt werden. Eine Wohnbebauung war nach jüdischem Denken unakzeptabel. Die Grabsteine werden auf Kosten der Stadt auf dem neuen Friedhof an der B 8 aufgestellt. Die jüdische Gemeinde bleibt Eigentümer der Fläche.

Inzwischen gingen jüdische Familien daran, Grabsteine ihrer Verstorbenen auf den neuen Friedhof umzusetzen. So wurde der Stein des Kaufmanns Isaac Isaacson (er war 1901 verstorben; Stein E 2) neben das Grab seiner Ehefrau Amalia (gest. 1927; Stein E 3) gesetzt.[80]

Die Familie Lifmann setzte die Steine der Verstorbenen Berta Lifmann (gest. 1893; Stein E 8) und des Jacob Lifmann (gest. 1904; Stein E 9) neben das Grab der Pauline Lifmann (gest. 1927, Stein E 7).

So wurden 56 Steine aus den Jahren 1857 – 1907 gemäß der Vereinbarung mit der Stadt umgesetzt. Die meisten fanden hinter dem Gräberfeld, vor der hinteren Hecke ihren Platz. Dabei achtete man darauf, dass die Steine von Familien nebeneinander Aufstellung fanden. An ihnen lässt sich die Geschichte der Familien nachzeichnen.

Auch elf erhaltene Steine vom alten Duhl (Steine aus der Zeit vor 1857) fanden ihren neuen Platz. Bei ihnen ist nicht immer eine verwandtschaftliche Beziehung zu den Nachbarsteinen auszumachen, da die alten Steine keine Familiennamen tragen. Sie tragen nur den Synagogennamen des oder der Verstorbenen. Von den Steinen vom alten Duhl sind einige verloren gegangen. Auf einer alten Fotografie von Anfang des Jahrhunderts sind Steine zu erkennen, die nicht mehr existieren. In der Dokumentation habe ich darauf hingewiesen, um welche Steine es sich handeln könnte. Vielleicht waren die Steine auf dem alten Friedhof stehen geblieben, weil die Familien verzogen waren, oder weil man die Synagogennamen nicht mehr zuordnen konnte. Sie wurden spätestens 1938 bzw. 1940 abgeräumt und gingen verloren. Arbeiter fanden nach dem Krieg bei Straßenbauarbeiten im Bereich des Kreisverkehrs Reste alter Steine.

1926: Blick vom Judenfriedhof über die Kaiserstr.(Friedr.-Ebert-Str.) zum Bahnhof

1927: Der Erdhügel des Judenfriedhofs („Doel") wird abgetragen

Mit der Stadt wurde weiter über die geplante Nutzung des alten Friedhofs verhandelt.
Am 7. Februar 1938 kam es zu einem Vertrag, wobei die jüdische Seite durch die Herren Dr. Leopold Rothschild, Otto Elkan und Dagobert Isaacson vertreten wurde.[81] Es wurde vereinbart: Der Rest des alten Friedhofs soll aufgehoben werden. Er soll als Parkanlage genutzt aber nicht bebaut werden. Die Jüdische Gemeinde bleibt Eigentümer (§ 1). Sie behielt so in der Hand, was auf dem Grundstück geschah. Erstaunlich, dass man Anfang 1938 noch so verhandelte.

Am 10. November 1938 wurde die Dinslakener Synagoge in Brand gesteckt, das Waisenhaus verwüstet und die Kinder deportiert.[82] Auch Privathäuser jüdischer Bürger wurden verwüstet, geplündert und niedergebrannt. Schließlich wurde am Abend noch das Taharahaus auf dem jüdischen Friedhof angezündet.

1940 ging das Grundstück des alten wie auch des neuen jüdischen Friedhofs sowie der Synagoge in einer damals üblichen Weise in den Besitz der Stadt über.
Am 3.1.1939 erhielt die Synagogengemeinde einen Pfändungsbeschluss der Sparkasse wegen eines Darlehens von 10 303,66 RM plus 5% Zinsen.[82a] Die Synagogengemeinde, durch Deportation und Flucht geschwächt, konnte den Betrag nicht aufbringen.
Darauf fasst die Stadt am 30.3.1939 den Beschluss, die drei jüdischen Grundstücke zu kaufen. Mit dem Grundstückswert will die Stadt die Hypothekenschuld der Jüdischen Gemeinde ausgleichen. Der Restbetrag soll zur Abtragung der *Gebäudereste der Synagoge* dienen.[83]
In einem Nachtrag zu dem Vertrag vom 7.2.1938, ausgehandelt am 5.5.1939 mit dem *„früheren Kaufmann Siegfried Israel Bernhard* und dem *ehemaligen Viehhändler Dagobert Israel Isaacson* (wie sie jetzt heißen), wird die Fläche des alten Friedhofs um ehemalige Wege- und Grabenflächen reduziert, so dass statt der früher zugrundegelegten 1.500 qm nur etwas mehr als 100 qm verbleiben. Grundlage für diese Reduzierung bildet eine erhaltene Katasterkarte von 1937.[84]

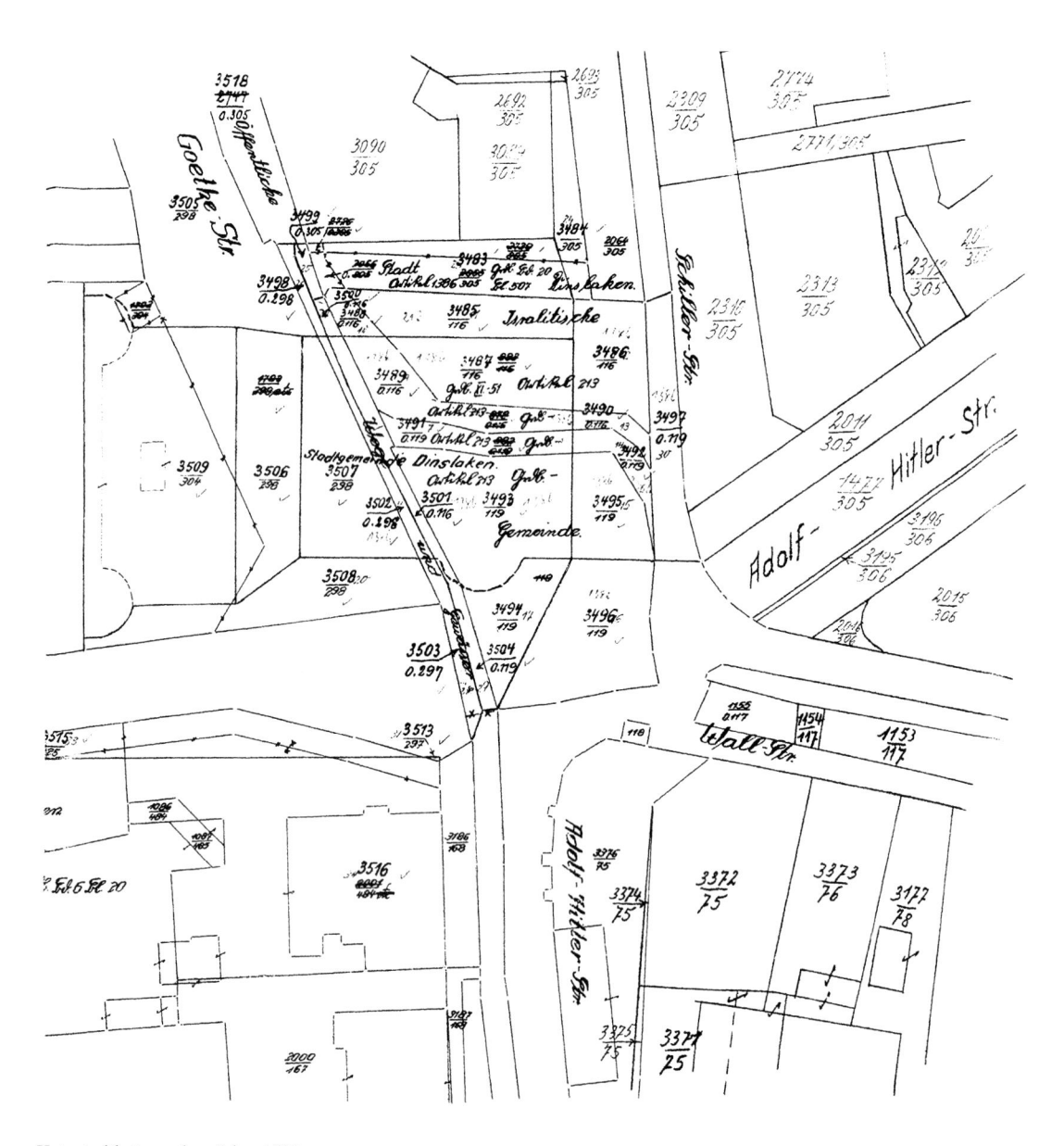

Katasterblatt aus dem Jahre 1937

Mit der Auflassung vom 24.1.1940 gehen die drei jüdischen Grundstücke in den Besitz der Stadt über.[86]

Geplant war von den Machthabern, nach dem Krieg alle jüdischen Friedhöfe zu zerstören. Nichts sollte mehr an jüdisches Leben und die Geschichte jüdischer Gemeinden erinnern. Doch dazu reichte die Zeit bis zum Ende des Krieges nicht mehr.[87]

Nach dem Krieg werden durch eine Verfügung der Militärregierung aus dem Jahre 1952 die drei Grundstücke unter die Verwaltung der „Jewish Trust Corporation" gestellt.[88] Von hier sind sie in den Besitz der Stadt bzw. eines privaten Eigentümers übergegangen. Das Grundstück des jüdischen Friedhofs an der B 8 (Parkfriedhof) gehört heute dem Landesverband jüdischer Gemeinden NRW.[88a]

Seit Mitte der 50er Jahre stehen die jüdischen Friedhöfe in Deutschland durch Gesetz unter der besonderen Obhut der Kommunen. So ist heute die Stadt Dinslaken für die Pflege und den Erhalt des jüdischen Friedhofs zuständig. Er wird von Mitarbeitern des Kommunalfriedhofs regelmäßig gepflegt.

Der Rest des alten Friedhofs an der Schillerstrasse ist heute, wie 1933 und 1938 vereinbart, in den Stadtpark integriert. Steine, die möglicherweise 1938 hier noch gestanden haben, gingen verloren. An dieser Stelle befindet sich heute das 1993 erstellte Mahnmal, das an die 1938 deportierten Kinder des Jüdischen Waisenhauses erinnert. Es wurde von dem heimischen Künstler und Kunsterzieher Alfred Grimm geschaffen.[89]

Das Mahnmal für die Opfer der Shoa im Stadtpark

Nur etwa 30 Jahre, von 1907 bis 1938, wurde auf dem neuen Friedhof an der B 8 beerdigt. Grabsteine, vorgesehen für Ehepaare tragen nur einen Namen. Sie lassen ahnen, dass der andere Partner in den Schrecken des Holocaust umkam.

Zuletzt (1938) durften keine Steine mehr aufgerichtet werden. Einfache, auf dem Boden liegende Platten weisen auf die Gräber der Verstorbenen hin. Sie lassen etwas erkennen von Unterdrückung und drohender Deportation.

1957 wurde noch einmal eine Frau beerdigt, Henny Jacob, die christliche Ehefrau des Hugo Jacob. Beide hatten den Holocaust überlebt.[90] Es war die letzte Beerdigung auf dem jüdischen Friedhof.

Im April 1959 kam es zu einer größeren Schändung des Friedhofes. Unbekannte warfen 32 Grabsteine um. Damals wurde der Friedhof mit Hilfe der Gewerkschaftsjugend wieder hergerichtet. Die Rheinische Post berichtet in ihrer Ausgabe vom 26. September 1959:

---

g, 26. September 1959   Rheinische Post

Die Toten bleiben unvergessen

Dinslakener Gewerkschaftsjugend übernahm die Patenschaft über den jüdischen Friedhof

DINSLAKEN. Etwa 50 Jungen und Mädel der Gewerkschaftsjugend, Ortsgruppe Dinslaken, folgten begeistert dem Ruf ihrer Leiterin, Fräulein Kroymann, den von Bubenhand zerstörten israelitischen Totenacker neben der katholischen Friedhofsanlage an der B 8 während ihrer Freizeit wieder würdig herzurichten und zu verschönen. Allein 32 Grabsteine waren mutwillig umgeworfen, andere verwüstet, beschädigt oder sonstwie geschändet worden. Nach fünfmonatigem freiwilligen Arbeitsdienst konnte der kleine Friedhof am Donnerstagnachmittag in einer schlichten Feierstunde in die Obhut der israelitischen Gemeinde zurückgegeben werden.

„Nach fünfmonatigem freiwilligen Arbeitsdienst konnte der kleine Friedhof am Donnerstagnachmittag in einer schlichten Feierstunde in die Obhut der israelitischen Gemeinde zurückgegeben werden." [91]

Bei der Betrachtung von Bildern der alliierten Luftaufklärung vom Frühjahr 1945 ließen sich die Fundamente des Taharahauses erahnen. Sie waren inzwischen mit Gras überwuchert. Niemand erinnerte sich. Pfadfinder der DPSG haben dann im Jahre 2000 die Fundamente gefunden und freigelegt. Seitdem haben wir einen Eindruck von der Größe des 1938 zerstörten Gebäudes, das aus zwei Räumen bestand.

Heute bildet dieser nicht mehr benutzte Friedhof eine Enklave innerhalb des Parkfriedhofes. Eine Stele mit dem Davidstern vor den Fundamenten des Taharahauses weist hin auf eine jüdische Begräbnisstätte. Eine in die Stele integrierte Schale enthält kleine Kiesel, die nach jüdischer Sitte beim Besuch eines Grabes auf den Grabstein gelegt werden können.
Eine Plakette vor dem Tor des Friedhofes kennzeichnet ihn als erhaltenswertes und geschütztes Denkmal. Wünschenswert wäre am Eingang eine Tafel mit dem Hinweis „Jüdischer Friedhof", eventuell mit einem kurzen Abriss seiner Geschichte.

2. Steine erzählen
a. Grabsteine – Formen – Materialien

Der jüdische Friedhof in Dinslaken ist typisch für eine kleinstädtische Synagogengemeinde. Die leere Fläche zwischen Eingang und Gräberreihen macht die weitsichtige Planung der Gemeinde, aber auch ihr jähes Ende sichtbar.

Der jüdische Friedhof integriert in den Parkfriedhof

Wir finden 137 Steine, davon 67 von dem alten Friedhof in der Innenstadt. Acht Steine haben weder Namen noch Datum. Es sind Grabsteine, in die Platten eingelassen waren, die verloren gegangen sind.

Der Friedhof ist schlicht. Von der Anlage und von den Inschriften her ist er von der jüdischen Tradition geprägt. Die Anlage geordneter Gräberreihen ist jedoch eine Angleichung an die christliche Tradition.

Von einem niederländischen Einfluss zeugen eventuell die Steine A9 und A24. Für sie ist charakteristisch, dass die Inschriften reliefartig erhaben ausgemeißelt sind - eine relativ aufwendige Technik.

Die Gräber des Friedhofs sind in vier Reihen angeordnet, in der Mitte unterbrochen durch die Fläche, auf der das Tahara-Haus stand. Bei der fünften Reihe vor dem hinteren Zaun handelt es sich um 60 Steine des alten aufgehobenen Friedhofs, die hier wieder aufgestellt wurden.

Die Gräber sind nach Osten ausgerichtet, in Richtung Jerusalem, wie auf den meisten jüdischen Friedhöfen. Besondere Reihen für Priester (Kohanim), Leviten oder besondere Familien (wie auf anderen großen Friedhöfen) gibt es nicht.

Die Belegung geschah in der Reihenfolge der Sterbefälle, wobei zunächst die rechte Seite belegt wurde (Reihen B bis E).[92]

Die Steine sind einfach gehalten im Vergleich zu denen in den Zentren jüdischer Frömmigkeit und Gelehrsamkeit (etwa Frankfurt oder Berlin).

In einer Beschreibung des alten jüdischen Friedhofs von Breslau heißt es z.B.: *„Der vermögende jüdische Bürger griff für seine letzte Heimstatt zu kostbaren und teuren Materialien, um durch die Wahl ungewöhnlicher Mittel und ausgefallener Formen zur Elite Preußens gezählt zu werden."* [93]
Dies trifft für Dinslaken nicht zu.

Entweder war man in Dinslaken sehr traditionsbewusst, im Tode sollten alle gleich sein, oder man hatte nicht die Mittel für größere, prächtig gestaltete Grabmale.

Die älteren Grabsteine sind zumeist aus Sandstein ganz unterschiedlicher Härte. Im 19. und 20. Jahrhundert kommen Marmor, Granit oder auch preiswerter Zementguss hinzu.

Im 19. Jahrhundert wurden Inschriftenplatten aus weißem oder schwarzem Marmor (oder auch aus Glas) üblich, die in den Grabstein eingelassen oder aufgesetzt wurden. Hier ist leider zu beobachten, dass eine Reihe von Platten verloren gegangen ist. Die Metallstifte, die einmal die Platten festgehalten haben, sind verrostet, die Platten abgefallen, zerbrochen und verloren gegangen. Die Steine sind stumm geworden. So die Steine A3; A 10; A 60; B 3; B 8; B 13; D 4; E 10. Es wäre wünschenswert, künftig Platten, die sich lösen, gleich wieder zu befestigen.

Die Form der älteren Grabsteine ist überwiegend das hochformatige Rechteck mit einem Rundbogen oder noch öfter mit einem eingezogenen Rundbogen als Abschluss. Der rundbogige Abschluss ist Hinweis auf den Himmel, der Leben und Tod überspannt, und damit Ausdruck der Hoffnung. Einige Steine sind mit einem dreieckigen Aufsatz (Akroterium) gekrönt (A 2; A 11; A 21; A 23).

Ältere Steine ohne Sockel versinken allmählich in der Erde. So ist es wohl Jahrhunderte lang auf jüdischen Friedhöfen geschehen. Die unteren Daten und der Segenswunsch auf diesen Steinen mussten bei der Aufnahme der Daten freigegraben werden.

Auf anderen großen Friedhöfen finden wir auf den Grabsteinen eine Vielzahl von Symbolen: Leuchter, Schlange, Schmetterling, Beschneidungsmesser u.a. So war es seit der Barockzeit üblich. Auf den Grabsteinen des Dinslakener Friedhofs gibt es nur drei Symbole. Neben den segnenden Händen der Priesterschaft finden wir einige Male Levitenkanne und sehr oft den Davidstern.

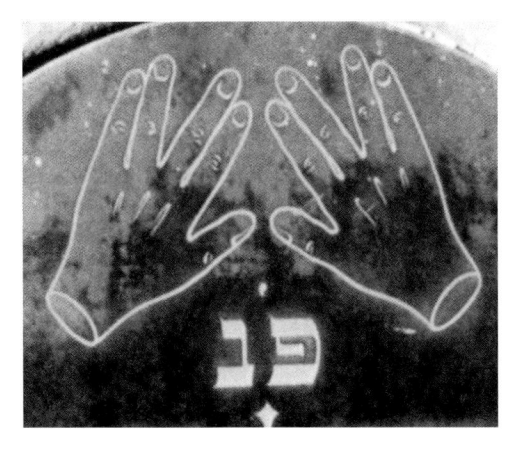

Die segnenden Hände (Stein A 53) mit den gespreizten Fingern, bei denen Daumen und Zeigefinger sich berühren, sind das Zeichen der Priestergräber. Bei den hier Bestatteten handelt es sich um Nachkommen der Priesterschaft aus der Zeit des Tempels (Kohanim), Nachkommen Aarons und seiner Söhne. Die Zugehörigkeit ist oft erkennbar an Namen wie Cohen, Kohn, Kahn, Katz etc.

Mit erhobenen Händen segnen sie die Gemeinde am Schluss des Gottesdienstes vor dem Bittgesang „Sim schalom" („Gewähre Frieden") mit dem aaronitischen Segen (Deuteronomium 6):
„*Es segne dich der Ewige und behüte dich, es lasse der Ewige sein Antlitz dir leuchten und gebe dir Gunst, es wende der Ewige sein Antlitz dir zu und gebe dir Frieden."* (Diese Form des Segens ist als Aaronitischer Segen auch aus dem evang. Gottesdienst bekannt.) Seit der Zerstörung des Tempels (70 n.Chr.) üben die Nachkommen der Priester keine weiteren kultischen Handlungen mehr aus.[94]
Kohanim in der Dinslakener Gemeinde waren: Meyer Jacob, (A 13) ; Meir Jakob (A 32) ; Salmon Wolf (A 53) ; Elieser Cohen (B 7) ; Selig Jacob (B 10); Elias Jacob (C 11);   Emil Jacoby (D 7).

Ein Krug bzw. eine Kanne (Levitenkanne) kennzeichnet die Gräber der Leviten, der Priestergehilfen. (Steine: A23; A31) Die Kanne wird auch in Verbindung mit einer Wasserschale dargestellt. Die Leviten aassistierten den Priestern im Tempel und hatten u.a. Reinigungsaufgaben wahrzunehmen. Ihre Nachkommen   tragen oft Familiennamen wie Levi, Lewin, Löwe, Löwenthal o.ä.

Der Davidstern (Hebr.: *Magen David*; dt: *Schild Davids*) ist ein altes Symbol, das aus verschiedenen Kulturen als Ornament oder als magisches Zeichen bekannt ist. 1354 nimmt die Prager jüdische Gemeinde ihn erstmals in ihr Wappen auf.

Von Prag aus wird er von anderen Gemeinden übernommen.
Im 19. und 20. Jahrhundert wird der Magen David dann zum Symbol für das ganze Judentum. Seitdem finden wir ihn auf Grabsteinen.[95]
Der *Magen David* wurde in der NS-Zeit zum Kennzeichen für Juden, gedacht als Zeichen der Diskriminierung. Heute (seit 1949) ist er Bestandteil der Flagge des Staates Israel.

b. Die Inschriften - Steine erzählen

Alle Grabsteine des Dinslakener Friedhofes tragen Inschriften. Auf den älteren Steinen finden wir rein hebräische Inschriften. Etwa 1000 Jahre lang, vom 9. Jahrhundert bis Mitte des 19. Jahrhunderts, war es auf jüdischen Friedhöfen in ganz Europa so üblich.[96] Da den Juden handwerkliche Berufe erst im 19. Jahrhundert geöffnet wurden, mussten sie über Jahrhunderte ihre Grabsteine bei nichtjüdischen, christlichen Steinmetzen anfertigen lassen, die die hebräische Sprache nicht beherrschen.

Die Grabsteine aus jüngerer Zeit begnügen sich oft nur mit der Angabe des Namens, den Lebensdaten und nur noch der Abkürzung des Segenswunsches in hebräischen Buchstaben.

Einer der ältesten Steine des Friedhofs soll hier eingehender vorgestellt werden: Stein A 31. Er stammt aus dem Jahre 1775. Er ist aus Basalt (möglicherweise aus dem Siebengebirge) und deswegen nur wenig verwittert. Seine Inschrift ist noch gut lesbar.

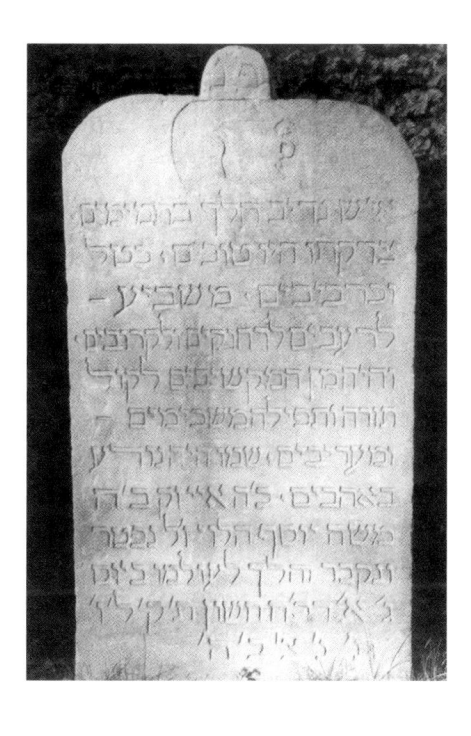

Die Inschrift beginnt mit der Abkürzung einer der üblichen Einleitungsformeln פ נ (po nikbar = Hier ist begraben). Nur auf wenigen Steinen finden wir in Dinslaken die Abkürzung der anderen Einleitungsformel (פ ט = Hier ist verborgen) .

Gelegentlich finden wir auch in Verbindung mit der Einleitungsformel zwei im Mittelalter gebräuchliche Formeln: „Dies ist ein Mal zu Häupten" bzw. das Bibelzitat: „Zeuge sei dieser Steinhaufen, ein Zeuge dieses Steinmal" - Dabei handelt es sich um ein Zitat aus Genesis 31, 52 (Steine A50; A52; A56).

Bei Ehepaaren findet sich einmal das Zitat: „Geliebt und gut in ihrem Leben sind sie auch im Tode nicht getrennt" - ein Zitat aus 2. Samuel 1, 23. (Stein A 2).

Die auf dem beschriebenen Stein abgebildete Kanne weist darauf hin, dass der Verstorbene zur Familie der Leviten gehörte.

Unter der Abkürzung der Einleitungsformal dann der Hinweis, dass hier ein Mann bestattet ist: האיש (Ha-isch) = der Mann. Es folgen dann preisende Sätze, die sog. **Eulogie**.

Der Grabstein aus dem Jahre 1775

Sie enthält Versatzstücke aus der Tradition. Auch wenn diese Versatzstücke immer wieder auf Grabsteinen auftauchen, so sagen sie in ihrer Auswahl und Anordnung doch etwas über das Leben und Wesen des Mannes, der hier bestattet ist.

Nur die einfache Nennung des Namens wäre zur Zeit der Errichtung dieses Grabsteins undenkbar gewesen. Die Inschrift ist Ausdruck der Kostbarkeit des einzelnen Lebens.

„Gerecht war er", lesen wir weiter. Und dann ein poetisches Bild: „seine Taten waren wie Tau und milder Regen". Das soziale Engagement wird beschrieben „Er speiste Hungernde von nah und fern". Dann ein Hinweis auf seine Frömmigkeit „Er hat der Stimme der Tora zugehört und gebetet".

Nach der Eulogie folgt dann der Name: אייזק - **Eisak,** gefolgt vom Vatersnamen *„Mosche Josef, Ha-Levi"*. Er stammte also aus der Familie der Leviten.

Bei dem Namen *„Isaak"* handelt es sich um den Synagogennamen, den Namen, mit dem jüdische Männer in der Synagoge zur Lesung aufgerufen wurden. Im 19. Jahrhundert bemühte man sich oft um lautliche Anklänge von Synagogennamen und bürgerlichem Namen (z.B. Mordechai – Max/ Markus/ Martin; Chajim – Heinrich; Jehuda - Justus; Bräunche – Berta; Sarah – Susanne; Elieser – Ernst).

Er starb und wurde begraben. Diese Formulierung weist darauf hin, dass es 1775 noch üblich war, Verstorbene am Sterbetag zu beerdigen. So war es lange im Judentum üblich und ist es auch heute in Israel. Wenige Jahre später , 1787, wurde in Preußen durch Gesetz geregelt, dass eine Beerdigung nicht vor Ablauf von 48 Stunden nach Eintritt des Todes stattfinden durfte. Dahinter stand die Befürchtung, einen Scheintoten zu beerdigen.[97] Nach 1787 finden wir dann auf jüdischen Grabsteinen zwei Daten: *Er/ Sie verstarb ...* oder: *Er/ sie ging in seine Ewigkeit...* (Hier wird die Hoffnung erkennbar, dass die Verstorbenen bei Gott leben) ... *und wurde begraben am...*.

Zum Datum: Das Hebräische kennt keine Benennung der Wochentage. Hier, auf unserem Grabstein, steht nur der Buchstabe Gimel (ג), der dritte Buchstabe des hebräischen Alphabets.
Da das Hebräische keine Zahlzeichen kennt, werden die Buchstaben auch als Zahlzeichen verwendet, gekennzeichnet durch einen Punkt oder eine Tilde über dem Buchstaben.
Gimel, der dritte Buchstabe des Alphabets, bedeutet also: der Dritte Tag, d.h. Dienstag.

Dieser Dienstag war der Erste Tag des Neumonds. *Rosch Chodesch* (= Neumond) ist Halbfeiertag.
Nur eine Abkürzung aus drei Buchstaben (דר"ח) , die früher jüdischen Bürgern bekannt war, weist darauf hin.
Auf jüdischen Grabsteinen findet sich eine Vielzahl solcher Abkürzungen, die verwendet wurden, um Platz zu sparen. Diese machen die Übersetzung zunächst schwer, da sie in keinem Wörterbuch stehen. [98]
Es folgt dann in unserer Inschrift die Angabe des Monats: חשון - *Cheswan.*
Eine Darstellung des jüdischen Monatssystems findet sich im Anhang „Das jüdische Jahr". [99]

Vier Buchstaben, durch Punkte wieder als Zahlen gekennzeichnet, geben das Jahr an:
תקל"ו - *536 nach der kleinen Zählung.*
Der jüdische Kalender zählt die Jahre nach der Erschaffung der Welt, die auf das Jahr 3760 v. Chr. angesetzt wird. Im Jahre 1240 zählte man danach das Jahr 5000.
In der Folgezeit wurden die Tausender nicht mehr mitgezählt. Man zählte die Jahre nach 1240, und nannte diese neue Zählweise die „kleine Zählung" = Lifrat qatan.
Der Hinweis auf die kleine Zählung erfolgt durch eine Abkürzung, die beiden Buchstaben ל"ק - Lamed und Kof, die oft auch ineinander geschrieben sind. Alle hebräisch gefassten Jahreszahlen auf dem Dinslakener Friedhof sind nach dieser kleinen Zählung angegeben.
1240 + 536 (nach der kleinen Zählung) weist hin auf das Jahr 1776.
Da aber der Monat Cheswan der zweite Monat im Jüdischen Jahr war, das jüdische Jahr aber im September/Oktober begann, lag der 28. Cheswan im November. Wir müssen also ein Jahr zurückrechnen und kommen bei der Datumsangabe auf das Jahr 1775 christlicher Zählung.
Der erste Tag des Neumonds das Monats Cheswan war der 24. Oktober 1775.
Mit fünf Buchstaben enden schließlich alle Inschriften: תנצב"ה. Es ist die Abkürzung des Schlusssegens: *tehi nafschah tserura bitsror ha-chajjim = Seine / ihre Seele sei eingebunden in das Bündel des Lebens.*

Diese Segensformel ist abgeleitet aus 1. Samuel 25,29. Abigail wünscht dort dem David „ *...Das Leben meines Herrn soll eingebunden sein in das Bündel des Lebens bei dem Herrn, deinem Gott...* " Die Abkürzung dieses Segenswunsches findet sich auf nahezu allen jüdischen Grabsteinen des Dinslakener Friedhofs.

Die Inschriften auf älteren Grabsteinen haben wie beschrieben folgenden Aufbau:[100]

Schema	Deutsch	Hebräisch
Begräbnisformel	Hier ist begraben Hier ist verborgen	פ נ פ ט
Eulogie	ein gottesfürchtiger Mann die tüchtige Gattin, Krone des Hauses	איש ירא אלהים אשת חיל עטרת הבית
x, Sohn des y x, Tochter des y (Gattin des y)	Abraham, Sohn des Shmuel Ha-Kohen Riwka, Tochter des Mordechai Ha-Levi Gattin des Jacob genannt Blum	אברהם בן שמואל הכהן רבקה בת מרדכי הלוי אשת יעקב המכונה בלום
Sterbetag, Begräbnistag, Monat, Jahr	gestorben am Tag 2 (Mo.) 13.Ssiwan und begraben am Tag 3 (Di.) 14.in ihm gestorben am Tag 5 (Do.) 22.Elul und begraben am Vortag des heiligen Shabat 23.in ihm	נפטר ביום ב יג סיון ונקבר ביום ג יד בו נפטרה ביום ה כב אלול ונקברה ביום עשק כג בו
Schlußformel	Seine/Ihre Seele sei eingebunden in das Bündel des Lebens.	תנצבה

Zweisprachige Steine:

In einem recht begrenzten Zeitraum um die Mitte des 19. Jahrhunderts wird neben dem Hebräischen auch das Deutsche Inschriftensprache. Man benutzte Vorder- und Rückseite des Steins, um die Inschriften in hebräischer und deutscher Sprache zu schreiben.
Jede Seite trägt eine vollständige Inschrift mit Eingangs- und Schlussformel, Namen, Daten und Eulogie. Die hebräische Seite ist der Tradition verhaftet. Die deutsche Seite zeigt ein verändertes Lebensgefühl. Man wollte den nichtjüdischen Mitbürgern die jüdische Tradition nahe bringen. Und man wollte zeigen, dass man Jude war, der in Deutschland zu Hause ist.[101]

Ein sehr schönes und beeindruckendes Beispiel für einen Stein mit zwei beschrifteten Seiten ist ein Stein aus dem Jahre 1858, errichtet auf dem Grab einer jung verstorbene Ehefrau (A 26). Trotz der Schäden, die der Stein genommen hat, ist noch zu lesen, wie der Witwer nach nur drei Jahren Ehe um seine kaum 27 jährige Frau trauert. (Der Stein des Witwers Gerson Jacobs ist der Stein E 12 von 1895)
Die Texte auf der Vorder- und Rückseite scheinen identisch zu sein.
Der hebräische Text ist aus biblischen Zitaten komponiert:
Zeile 1: „*eine tüchtige Frau*" Sprüche Sal. 31,10;
Zeile 2: „*wie eine Rose unter Dornen*" Hoheslied 2,2
Zeile 3: „*Freundlichkeit und Klugheit, die Gott und den Menschen gefallen*" Sprüche Sal. 3,4
Zeile 4: „*Die Furcht des Ewigen ihr Schatz*" Jesaja 33,6
Zeile 5: „*Weg des Zeugnisses*" Jesaja 8, 20
Zeile 7: „*Der Tod ist zu unseren Fenstern hereingestiegen*" Jeremia 9,20.

Grabstein von Caroline Jacobs, gest. 1858   Deutsche Rückseite
Hebräische Vorderseite

Manche dieser Zitate sind auf jüdischen Grabsteinen öfter, andere seltener zu finden.
Das Bild aus Jeremia 9,20 von dem Tod, der durchs Fenster steigt und alle Lebensfarbe raubt, ist sehr selten.

Der deutsche Text auf der Rückseite ist nicht einfach eine Übersetzung des Hebräischen. Er versucht, seine Aussage in Entsprechung zur hebräischen Vorlage und zugleich in Anlehnung an das Zeitgefühl auszudrücken. So wird aus dem hebräischen *„tüchtig und anmutig"* im Deutschen *„edel und bieder"*. Aus dem Zitat aus dem Hohenlied: *„Wie eine Rose bei den Dornen"* wird: *„Wie eine Rose auf schattiger Umgebung."* [102]

Zum Abfassen einer solchen Inschrift war sehr viel sprachliche Mühe und ein hoher finanzieller Aufwand erforderlich. Beides konnte von vielen Hinterbliebenen nicht aufgebracht werden. Wohl deswegen sind solche zweisprachigen Steine selten. Sie konnten sich nicht durchsetzen. So gibt es auf dem Dinslakener Friedhof nur vier auf Vorder- und Rückseite mit hebräischer und deutscher Inschrift versehene Steine (A 24; A 26; A 49; A 54).
Man ging dann dazu über, auf der Rückseite nur einfache Angaben in deutscher Sprache zu machen: Namen und Lebensdaten. So bei den Steinen A36; A37; A43; B1; B2.
Noch später nahm man die biografischen Daten in deutscher Sprache unter die hebräische Inschrift auf die Vorderseite.

Daneben aber wurde ab Mitte des 19. Jahrhunderts die rein oder überwiegend deutsche Inschrift immer üblicher. Zum Teil beherrschte man das Hebräische nicht mehr oder aber man versuchte sich der christlichen Umgebung anzugleichen.

Das Hebräische erscheint oft nur noch begrenzt auf die beiden Buchstaben der Einleitungsformel
(פ'נ - *pe nun*) und auf die fünf Buchstaben des abgekürzten Schlusssegens *(*תנצב"ה - *Seine / Ihre Seele sei eingebunden in das Bündel des Lebens)*. Manchmal finden wir noch das jüdische Datum (bisweilen in Klammern) , oder den Namen des Monats. Gemeindeämter, die auf anderen Friedhöfen sehr oft erwähnt werden, spielen in den Inschriften des Dinslakener Friedhofs kaum eine Rolle (nur: „Vorsteher der Gemeinde").

Im frühen 19. Jahrhundert, 1808 unter Napoleon und 1814 in Preußen, wird das Tragen eines Familiennamens für jüdische Bürger zur Pflicht. Das ist an den Inschriften erkennbar. Bei Frauen taucht nicht mehr der Vorname des Ehemannes auf, sondern zunehmend ihr eigener Geburtsname. Auch in hebräisch gehaltene Inschriften werden Familienname bzw. der Herkunftsort deutsch aber in hebräischer Umschrift aufgenommen (מהמברן - *Me- Hamborn* = aus Hamborn).
Schließlich fallen alle hebräischen Reste fort. Die Steine unterscheiden sich nur noch dadurch von christlichen, dass sie auf einem jüdischen Friedhof stehen und vielleicht als Symbol einen Davidstern tragen. Nur in konservativen Familien blieb das Hebräische erhalten.

Die Steine aus den 30er Jahren des letzten Jahrhunderts lassen schließlich etwas erkennen von der Verfolgung der jüdischen Bürger. Einige Steine, für Ehepaare gedacht, tragen nur einen Namen, so die Steine E1; G2; G3; G4; G5; H1; H3; H4. Wir ahnen, dass der Ehepartner nicht mehr hier beigesetzt werden konnte. Flucht, Deportation oder der gewaltsame Tod machten dies unmöglich. Familien, die mehrere Generationen in Dinslaken gelebt hatten, die durch ihre Arbeit zum Leben in unserer Stadt beigetragen hatten, hier Eigentum besaßen, Freunde und Nachbarn hatten, wurden ausgelöscht.
Als Beispiel soll hier der Grabstein des Kaufmanns **Ernst Scherbel** (Stein H 4) dienen.

Werbung des Kaufmanns Ernst Scherbel , 1913   Grabstein des Kaufmanns Ernst Scherbel

Ernst Scherbel hatte ein Geschäft für Haus- und Küchengeräte in der Duisburger Str., war verheiratet mit Johanne, geb. Stern. Erkennbar ist, dass auf dem Stein noch Platz für den Namen der Ehefrau vorgesehen war.

Die Witwe Johanne Scherbel floh noch vor den Ereignissen von November 1938 nach Rheydt, wurde von dort deportiert und in Minsk ermordet. Auch der Sohn Moritz floh am gleichen Tag wie seine Mutter nach Frankfurt und wurde ebenfalls in Minsk umgebracht.[103]

Der Grabstein erinnert an eine vielen Dinslakenern bekannte Familie, an einen Mann, *redlich in seinem Tun, der nach dem Frieden strebte.*

Drei Jahre später, 1938, war es Juden nicht mehr erlaubt, Grabsteine aufzurichten. Einfache Platten, auf dem Boden liegend, erinnern an die hier beigesetzten Verstorbenen.

Als Beispiel die Grabplatte des Kaufmanns und Viehhändlers **Artur Cohen** (Stein I 5)**.** Er wurde 1892 in Dinslaken geboren, wohnte in der Neustrasse 62. Seine Ehefrau Grete und seine Tochter Rosel wurden in Auschwitz ermordet.[104]

Kein Stein, keine kunstvolle Inschrift. Das letzte Zeichen der Erinnerung ist eine einfache Grabplatte mit den Lebensdaten auf die Erde gelegt. Sie erinnert an eine Familie, die seit Generationen hier gelebt hat, und deren Spur sich verliert.

1957, 12 Jahre nach dem Krieg, gab es noch einmal eine Beisetzung auf dem Friedhof, die letzte. (Stein I 2) **Henny Jacob, geb. Gerrulat**, war Christin deutscher Abstammung. Sie lebte mit ihrem Mann, dem Kaufmann Hugo Jacob in der Bismarckstr. 69. Er war Frontkämpfer im 1.Weltkrieg, Träger des EK II. Er floh 1938 nach Essen und wurde dort von Verwandten seiner Frau bis zum Ende des Krieges versteckt.

Beide haben nach dem Krieg noch in Dinslaken gelebt und beabsichtigten, in ihrem Haus an der Bismarckstr. wieder einen Gebetsraum einzurichten. Doch die Zehnzahl (Minjan), die für einen jüdischen Gottesdienst erforderlich ist, kam nicht mehr zustande. Nach dem Tod der Ehefrau 1957 lebte Hugo Jacob bis zu seiner 2. Heirat 1966 in Dinslaken. Er zog dann nach Den Haag und ist dort 1988 gestorben.[105]

c. Steine der Erinnerung – Die größeren jüdischen Familien

Die jüdische Kultur nennt den Friedhof „*Ort der Gräber"* , *Getort =* guter Ort oder „*bet olam =* Haus der Ewigkeit"* (angelehnt an Koh. 12,8) .

Hiermit wird die Dauer der Ruhe und die Erwartung der Ewigkeit angedeutet. [105a] Die Unantastbarkeit des einzelnen Grabes ist wichtig und ein hohes Gut. Die 1400 erhaltenen jüdischen Friedhöfe in Deutschland sind die ältesten und an vielen Orten, wie in Dinslaken, die einzigen allgemein sichtbaren und zugänglichen Zeugnisse jüdischen Lebens. Luftverschmutzung und Steinfraß haben in den letzten Jahren zugenommen. Die Namen und Texte auf vielen Grabsteinen sind dabei, unwiederbringlich zur Unleserlichkeit zu verwittern. Einige Inschriften sind heute schon nur noch mit Mühe oder gar nicht mehr lesbar. Bei einigen mussten die Inschriften mit Kreideschraffur sichtbar gemacht oder aus dem Sinnzusammenhang wieder hergestellt werden.

Die Steine erzählen uns von jüdischen Menschen, die als Nachbarn oder Geschäftsleute, als Bürger jüdischen Glaubens in unserer Stadt lebten. Sie erzählen von ihrer Trauer und ihren Hoffnungen. Sie wissen aber auch von Unrecht und Gewalt, die das Leben vieler Angehöriger und Nachkommen der Bestatteten auslöschten und das Leben der jüdischen Gemeinde zerschlugen.

Im dokumentarischen Teil sind biografische Notizen zu den in den Gräbern Bestatteten - soweit zugänglich - beigefügt. Hier ist sicher noch manches zu ergänzen, so dass die Steine noch mehr erzählen von den jüdischen Menschen, die in Dinslaken lebten. Als Beispiel dafür, was die Steine und die Namen erzählen können, sind zu den bekanntesten Familien Übersichten gefertigt. Die Namen und Daten der Grabsteine in Verbindung mit Informationen ehemaliger jüdischer Bürger sowie den Daten der Opfer der Shoa aus Yadvashem (www.yadvashem.org/ The Central Database of Shoa Victims´ Names) und von Yewishgen (www.jewishgen.org/ The Family Tree of the jewish People) ergeben ein lebendiges Bild dieser Familien. So z.B. der Familien Lifmann, der beiden Familien Jacob, Elkan, Isaacsohn, u.a.

An diesen Übersichten wird beispielhaft deutlich, dass die Namen von Familien, die über Generationen in Dinslaken lebten (die Steine berichten davon), durch Emigration oder Deportation in die Vernichtungslager kaum noch bekannt sind.

Familie Cohen

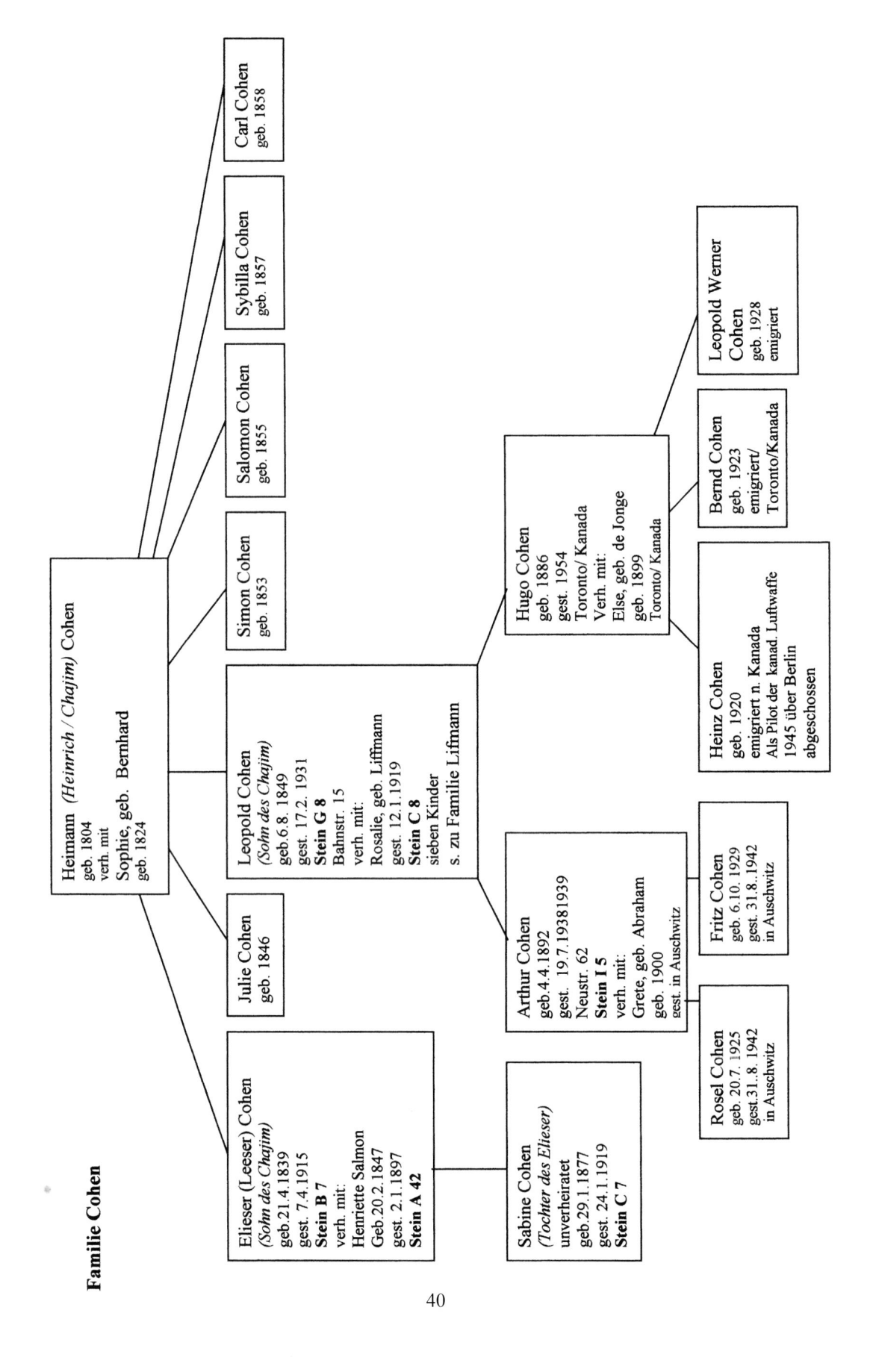

- **Heimann** *(Heinrich / Chajim)* **Cohen**
  geb. 1804
  verh. mit
  Sophie, geb. Bernhard
  geb. 1824

Kinder:

- **Elieser (Leeser) Cohen**
  (Sohn des Chajim)
  geb. 21.4.1839
  gest. 7.4.1915
  Stein B 7
  verh. mit:
  Henriette Salmon
  Geb. 20.2.1847
  gest. 2.1.1897
  Stein A 42

- **Julie Cohen**
  geb. 1846

- **Leopold Cohen**
  (Sohn des Chajim)
  geb. 6.8. 1849
  gest. 17.2. 1931
  Stein G 8
  Bahnstr. 15
  verh. mit:
  Rosalie, geb. Liffmann
  gest. 12.1.1919
  Stein C 8
  sieben Kinder
  s. zu Familie Lifmann

- **Simon Cohen**
  geb. 1853

- **Salomon Cohen**
  geb. 1855

- **Sybilla Cohen**
  geb. 1857

- **Carl Cohen**
  geb. 1858

Kinder von Elieser:

- **Sabine Cohen**
  (Tochter des Elieser)
  unverheiratet
  geb. 29.1.1877
  gest. 24.1.1919
  Stein C 7

Kinder von Leopold (Auszug):

- **Hugo Cohen**
  geb. 1886
  gest. 1954
  Toronto/ Kanada
  Verh. mit:
  Else, geb. de Jonge
  geb. 1899
  Toronto/Kanada

  - **Heinz Cohen**
    geb. 1920
    emigriert n. Kanada
    Als Pilot der kanad. Luftwaffe
    1945 über Berlin
    abgeschossen
  - **Bernd Cohen**
    geb. 1923
    emigriert/
    Toronto/Kanada
  - **Leopold Werner Cohen**
    geb. 1928
    emigriert

- **Arthur Cohen**
  geb. 4.4.1892
  gest. 19.7.1938 1939
  Neustr. 62
  Stein I 5
  verh. mit:
  Grete, geb. Abraham
  geb. 1900
  gest. in Auschwitz

  - **Rosel Cohen**
    geb. 20.7. 1925
    gest. 31.8. 1942
    in Auschwitz
  - **Fritz Cohen**
    geb. 6.10. 1929
    gest. 31.8. 1942
    in Auschwitz

Familie Elkan / Leeser

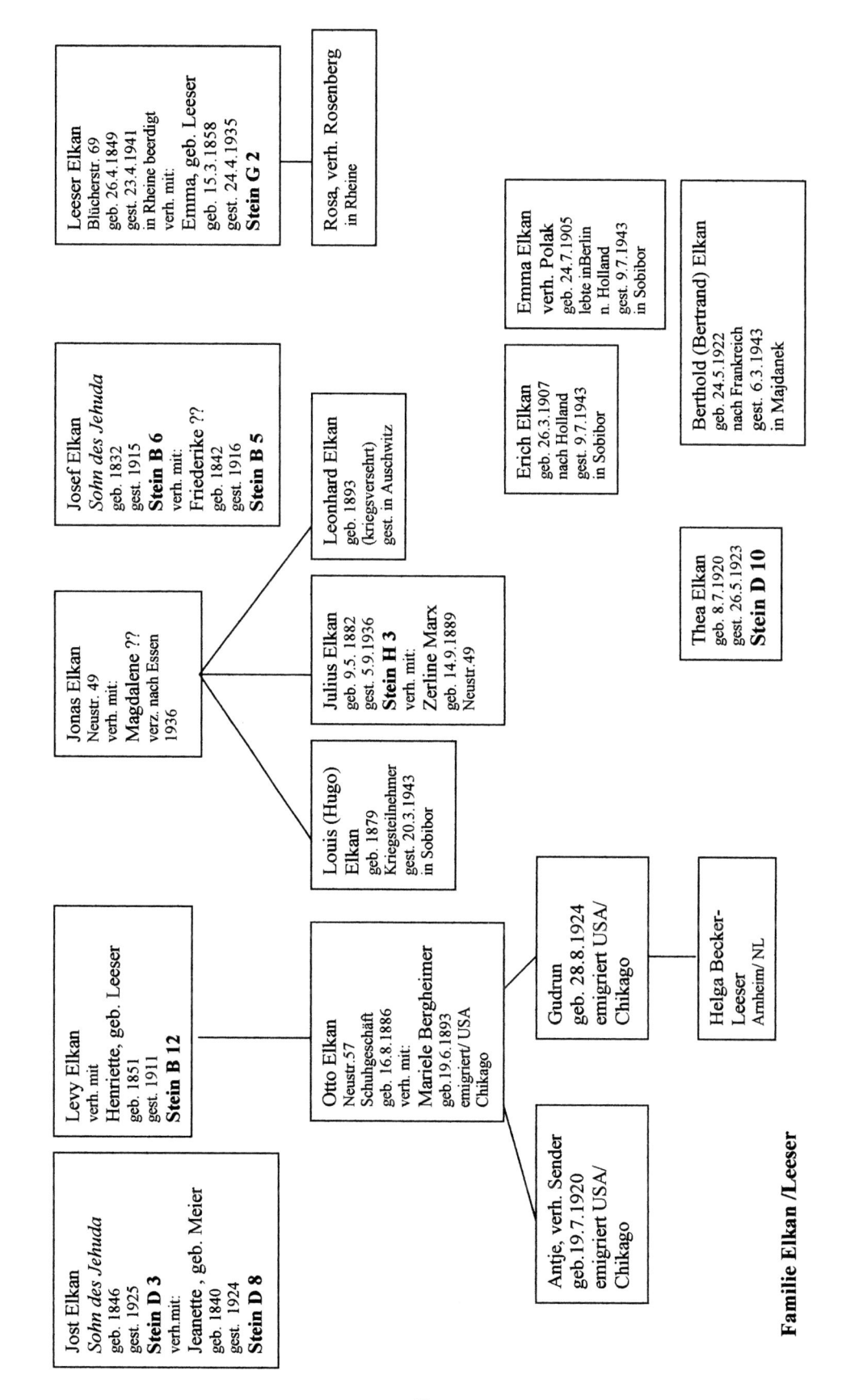

- **Leeser Elkan**
  Blücherstr. 69
  geb. 26.4.1849
  gest. 23.4.1941
  in Rheine beerdigt
  verh. mit:
  Emma, geb. Leeser
  geb. 15.3.1858
  gest. 24.4.1935
  Stein G 2
  - Rosa, verh. Rosenberg in Rheine

- **Josef Elkan**
  Sohn des Jehuda
  geb. 1832
  gest. 1915
  Stein B 6
  verh. mit:
  Friederike ??
  geb. 1842
  gest. 1916
  Stein B 5

- **Jonas Elkan**
  Neustr. 49
  verh. mit:
  Magdalene ??
  verz. nach Essen 1936
  - **Louis (Hugo) Elkan**
    geb. 1879
    Kriegsteilnehmer
    gest. 20.3.1943
    in Sobibor
  - **Julius Elkan**
    geb. 9.5.1882
    gest. 5.9.1936
    Stein H 3
    verh. mit:
    Zerline Marx
    geb. 14.9.1889
    Neustr. 49
    - **Erich Elkan**
      geb. 26.3.1907
      nach Holland
      gest. 9.7.1943
      in Sobibor
    - **Emma Elkan**
      verh. Polak
      geb. 24.7.1905
      lebte in Berlin
      n. Holland
      gest. 9.7.1943
      in Sobibor
    - **Thea Elkan**
      geb. 8.7.1920
      gest. 26.5.1923
      Stein D 10
    - **Berthold (Bertrand) Elkan**
      geb. 24.5.1922
      nach Frankreich
      gest. 6.3.1943
      in Majdanek
  - **Leonhard Elkan**
    geb. 1893
    (kriegsversehrt)
    gest. in Auschwitz

- **Jost Elkan**
  Sohn des Jehuda
  geb. 1846
  gest. 1925
  Stein D 3
  verh. mit:
  Jeanette, geb. Meier
  geb. 1840
  gest. 1924
  Stein D 8

- **Levy Elkan**
  verh. mit
  Henriette, geb. Leeser
  geb. 1851
  gest. 1911
  Stein B 12
  - **Otto Elkan**
    Neustr. 57
    Schuhgeschäft
    geb. 16.8.1886
    verh. mit:
    Mariele Bergheimer
    geb. 19.6.1893
    emigriert / USA
    Chikago
    - **Antje**, verh. Sender
      geb. 19.7.1920
      emigriert USA / Chikago
    - **Gudrun**
      geb. 28.8.1924
      emigriert USA / Chikago
      - Helga Becker-Leeser
        Arnheim / NL

Familie Elieser Isaacson

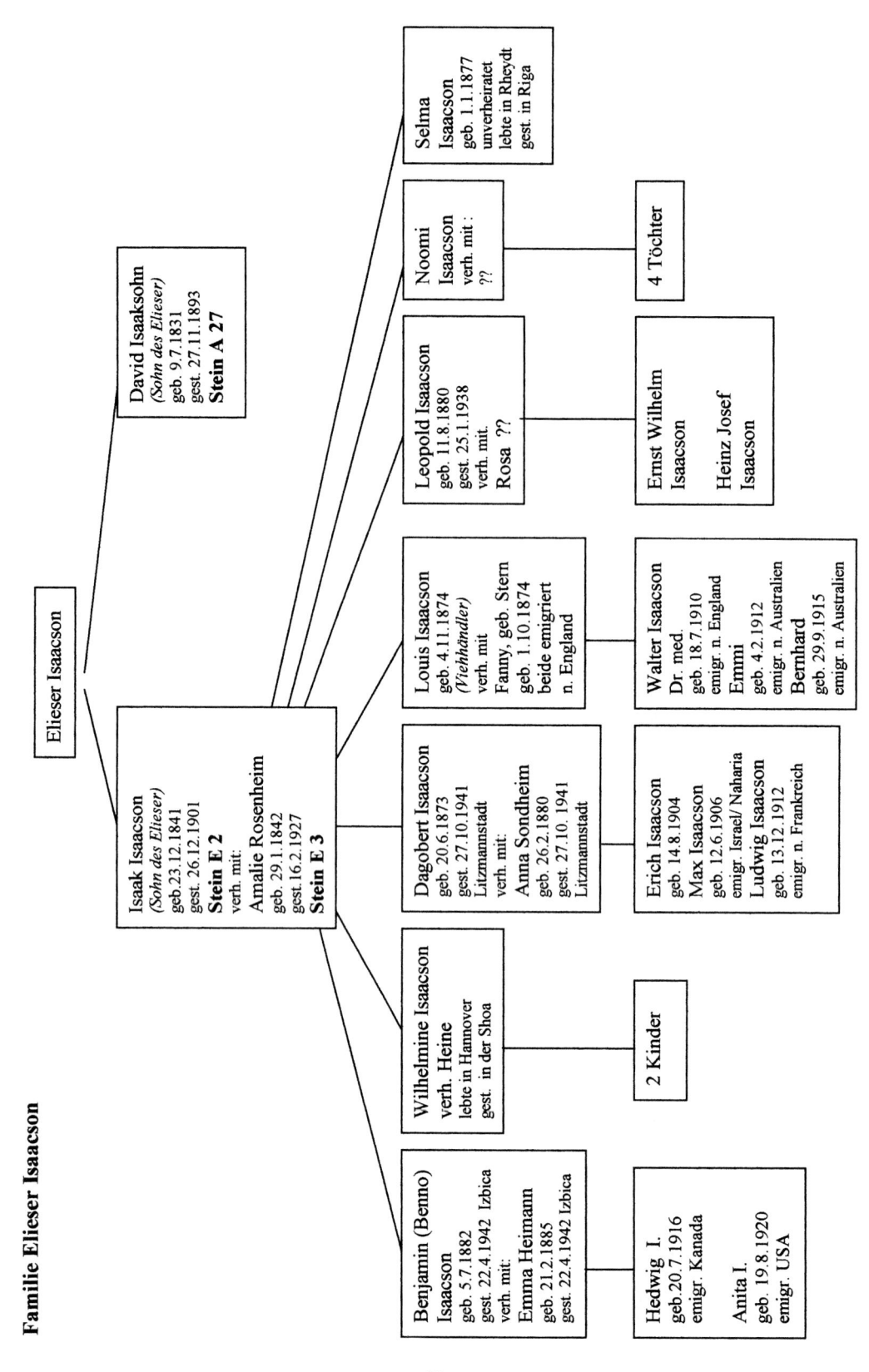

Elieser Isaacson

- **David Isaaksohn**
  (Sohn des Elieser)
  geb. 9.7.1831
  gest. 27.11.1893
  Stein A 27

- **Isaak Isaacson**
  (Sohn des Elieser)
  geb. 23.12.1841
  gest. 26.12.1901
  Stein E 2
  verh. mit:
  Amalie Rosenheim
  geb. 29.1.1842
  gest. 16.2.1927
  Stein E 3

Kinder von Isaak und Amalie Isaacson:

Selma Isaacson
geb. 1.1.1877
unverheiratet
lebte in Rheydt
gest. in Riga

Noomi Isaacson
verh. mit: ??
— 4 Töchter

Leopold Isaacson
geb. 11.8.1880
gest. 25.1.1938
verh. mit: Rosa ??
- Ernst Wilhelm Isaacson
- Heinz Josef Isaacson

Louis Isaacson
geb. 4.11.1874
(Viehhändler)
verh. mit Fanny, geb. Stern
geb. 1.10.1874
beide emigriert n. England
- Walter Isaacson, Dr. med, geb. 18.7.1910, emigr. n. England
- Emmi, geb. 4.2.1912, emigr. n. Australien
- Bernhard, geb. 29.9.1915, emigr. n. Australien

Dagobert Isaacson
geb. 20.6.1873
gest. 27.10.1941 Litzmannstadt
verh. mit: Anna Sondheim
geb. 26.2.1880
gest. 27.10.1941 Litzmannstadt
- Erich Isaacson, geb. 14.8.1904
- Max Isaacson, geb. 12.6.1906, emigr. Israel/Naharia
- Ludwig Isaacson, geb. 13.12.1912, emigr. n. Frankreich

Wilhelmine Isaacson
verh. Heine
lebte in Hannover
gest. in der Shoa
— 2 Kinder

Benjamin (Benno) Isaacson
geb. 5.7.1882
gest. 22.4.1942 Izbica
verh. mit: Emma Heimann
geb. 21.2.1885
gest. 22.4.1942 Izbica
- Hedwig I., geb. 20.7.1916, emigr. Kanada
- Anita I., geb. 19.8.1920, emigr. USA

42

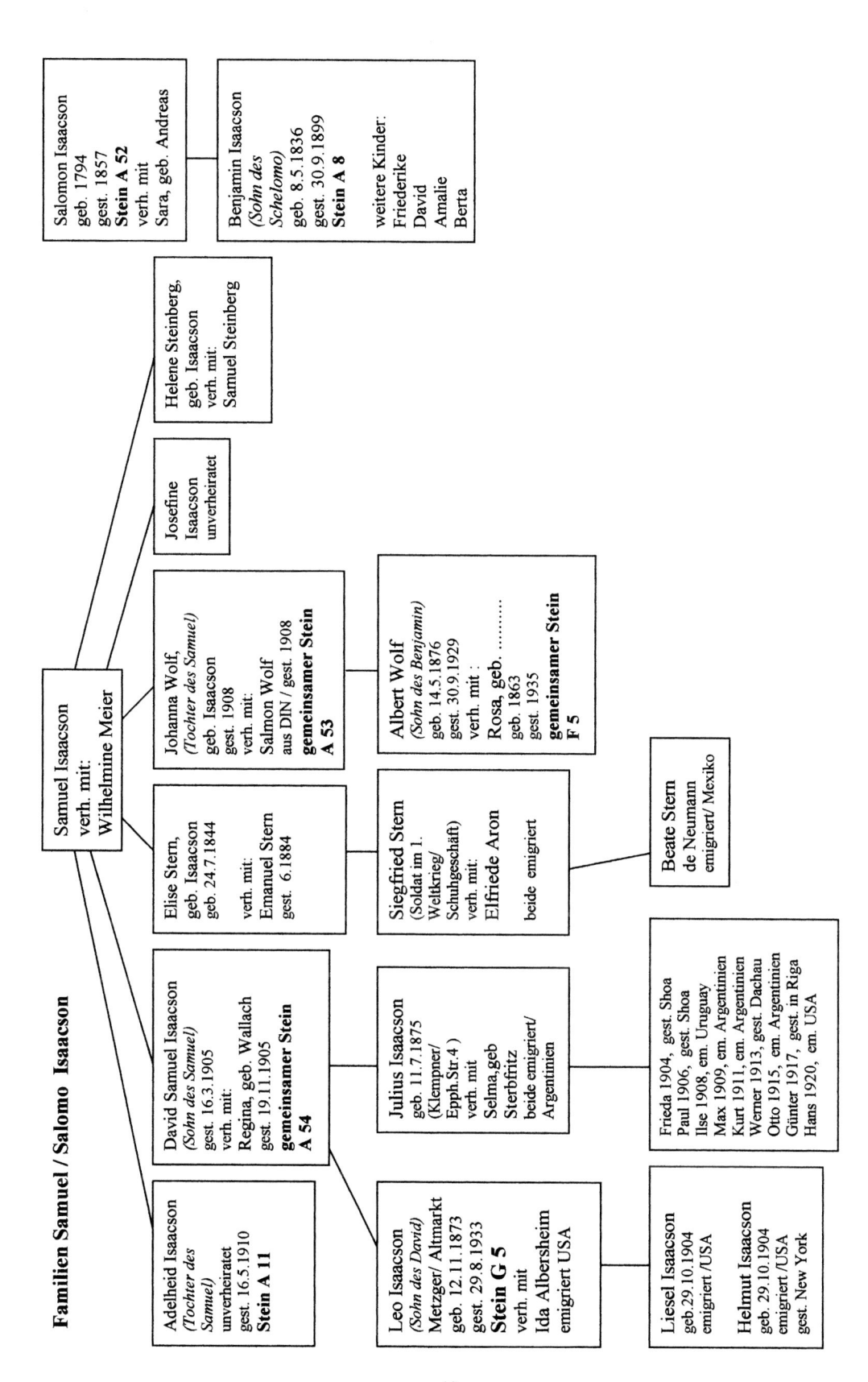

Familien Samuel / Salomo Isaacson

Salomon Isaacson
geb. 1794
gest. 1857
Stein A 52
verh. mit
Sara, geb. Andreas

Benjamin Isaacson
(Sohn des Schelomo)
geb. 8.5.1836
gest. 30.9.1899
Stein A 8

weitere Kinder:
Friederike
David
Amalie
Berta

Samuel Isaacson
verh. mit
Wilhelmine Meier

Helene Steinberg,
geb. Isaacson
verh. mit
Samuel Steinberg

Josefine Isaacson
unverheiratet

Adelheid Isaacson
(Tochter des Samuel)
unverheiratet
gest. 16.5.1910
Stein A 11

David Samuel Isaacson
(Sohn des Samuel)
gest. 16.3.1905
verh. mit:
Regina, geb. Wallach
gest. 19.11.1905
gemeinsamer Stein A 54

Elise Stern,
geb. Isaacson
geb. 24.7.1844
verh. mit:
Emanuel Stern
gest. 6.1884

Johanna Wolf,
(Tochter des Samuel)
geb. Isaacson
gest. 1908
verh. mit
Salmon Wolf
aus DIN / gest. 1908
gemeinsamer Stein A 53

Leo Isaacson
(Sohn des David)
Metzger/ Altmarkt
geb. 12.11.1873
gest. 29.8.1933
Stein G 5
verh. mit
Ida Albersheim
emigriert USA

Julius Isaacson
geb. 11.7.1875
(Klempner/
Epph.Str.4)
verh. mit
Selma, geb
Sterbfritz
beide emigriert/
Argentinien

Siegfried Stern
(Soldat im 1.
Weltkrieg/
Schuhgeschäft)
verh. mit
Elfriede Aron
beide emigriert

Albert Wolf
(Sohn des Benjamin)
geb. 14.5.1876
gest. 30.9.1929
verh. mit :
Rosa, geb. ………
geb. 1863
gest. 1935
gemeinsamer Stein F 5

Liesel Isaacson
geb. 29.10.1904
emigriert/USA

Helmut Isaacson
geb. 29.10.1904
emigriert/USA
gest. New York

Frieda 1904, gest. Shoa
Paul 1906, gest. Shoa
Ilse 1908, em. Uruguay
Max 1909, em. Argentinien
Kurt 1911, em. Argentinien
Werner 1913, gest. Dachau
Otto 1915, em. Argentinien
Günter 1917, gest. in Riga
Hans 1920, em. USA

Beate Stern
de Neumann
emigriert/ Mexiko

Familie Meier Jacob

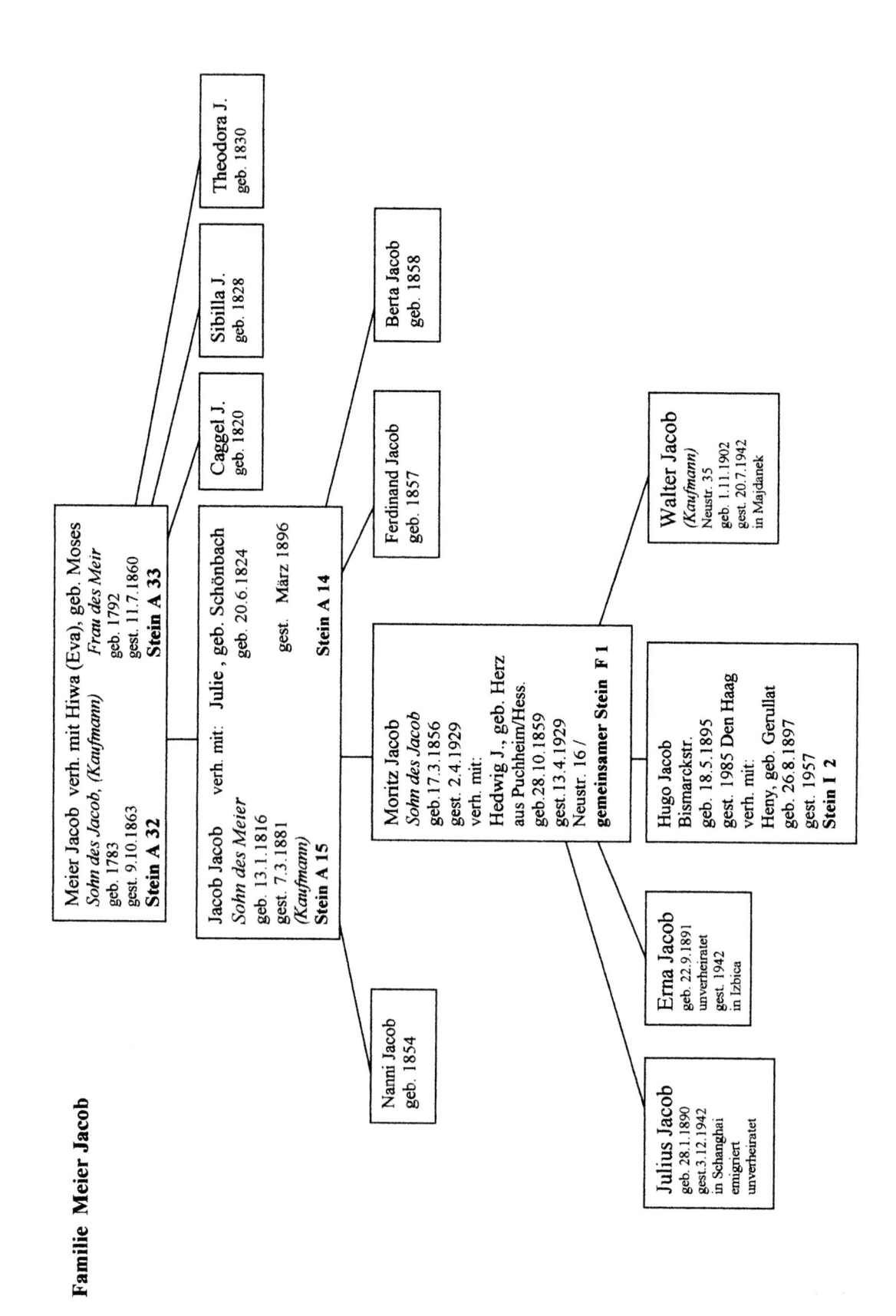

Meier Jacob verh. mit **Hiwa (Eva), geb. Moses**
Sohn des Jacob, (Kaufmann)   *Frau des Meir*
geb. 1783   geb. 1792
gest. 9.10.1863   gest. 11.7.1860
Stein A 32   **Stein A 33**

Children:
- **Caggel J.** geb. 1820
- **Sibilla J.** geb. 1828
- **Theodora J.** geb. 1830
- **Jacob Jacob** verh. mit: **Julie, geb. Schönbach**
  Sohn des Meier   geb. 20.6.1824
  geb. 13.1.1816
  gest. 7.3.1881   gest. März 1896
  (Kaufmann)
  Stein A 15   **Stein A 14**

Children of Jacob Jacob and Julie:
- **Nanni Jacob** geb. 1854
- **Ferdinand Jacob** geb. 1857
- **Berta Jacob** geb. 1858
- **Moritz Jacob**
  Sohn des Jacob
  geb. 17.3.1856
  gest. 2.4.1929
  verh. mit:
  Hedwig J., geb. Herz aus Puchheim/Hess.
  geb. 28.10.1859
  gest. 13.4.1929
  Neustr. 16 /
  gemeinsamer Stein F 1

Children of Moritz and Hedwig Jacob:
- **Julius Jacob**
  geb. 28.1.1890
  gest. 3.12.1942
  in Schanghai
  emigriert
  unverheiratet
- **Erna Jacob**
  geb. 22.9.1891
  unverheiratet
  gest. 1942
  in Izbica
- **Walter Jacob**
  (Kaufmann)
  Neustr. 35
  geb. 1.11.1902
  gest. 20.7.1942
  in Majdanek
- **Hugo Jacob**
  Bismarckstr.
  geb. 18.5.1895
  gest. 1985 Den Haag
  verh. mit:
  Heny, geb. Gerullat
  geb. 26.8.1897
  gest. 1957
  Stein I 2

Naphtali ......
Sohn des Meir
gest. 17.11.1854
Stein A 56

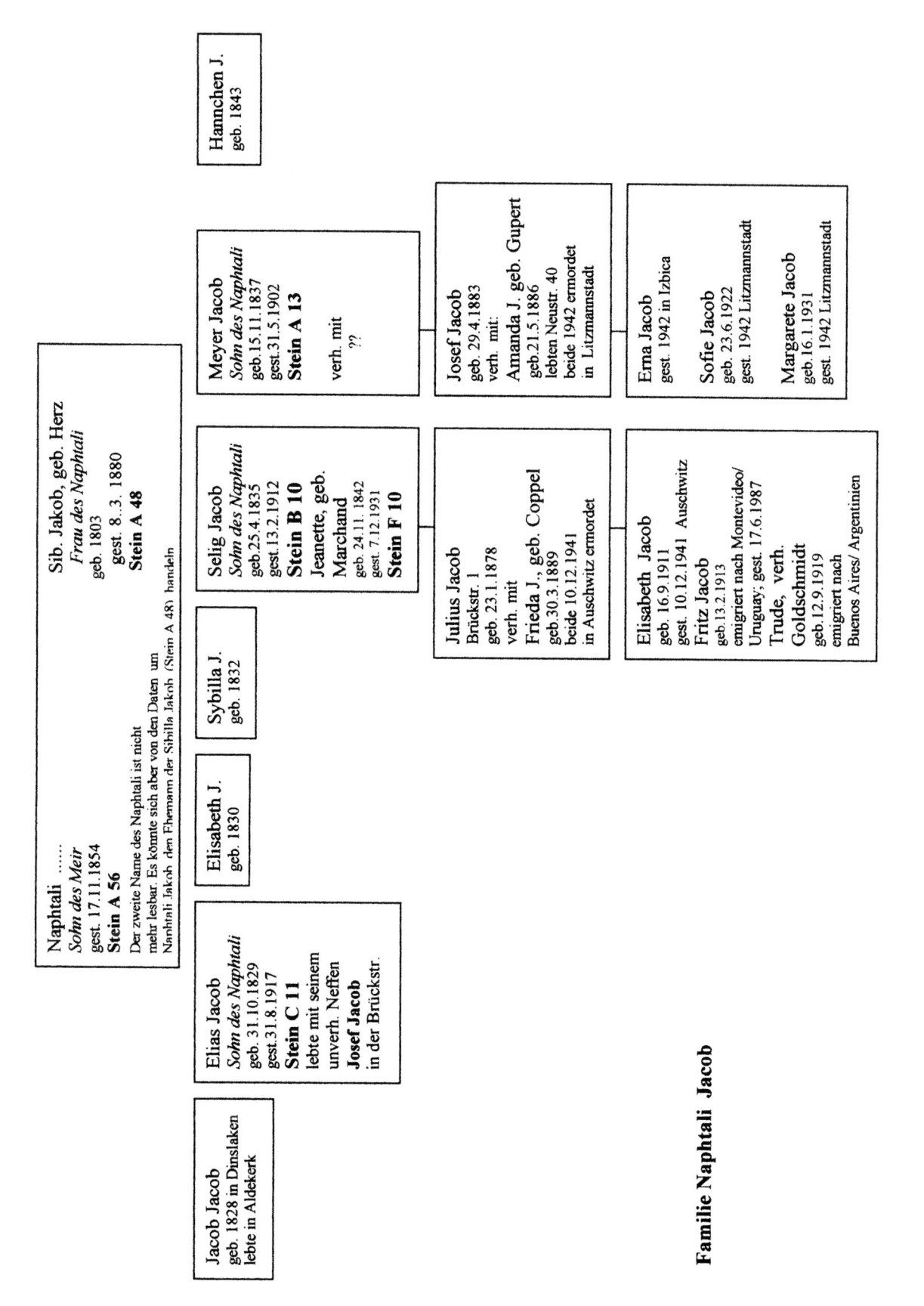

Sib. Jakob, geb. Herz
Frau des Naphtali
geb. 1803
gest. 8..3. 1880
Stein A 48

Der zweite Name des Naphtali ist nicht mehr lesbar. Es könnte sich aber von den Daten um Naphtali Jakob, dem Ehemann der Sibylla Jakob (Stein A 48) handeln

Hannchen J.
geb. 1843

Jacob Jacob
geb. 1828 in Dinslaken
lebte in Aldekerk

Elias Jacob
Sohn des Naphtali
geb. 31.10.1829
gest.31.8.1917
Stein C 11
lebte mit seinem
unverh. Neffen
Josef Jacob
in der Brückstr.

Elisabeth J.
geb. 1830

Sybilla J.
geb. 1832

Selig Jacob
Sohn des Naphtali
geb.25.4.1835
gest.13.2.1912
Stein B 10
verh. mit
Jeanette, geb.
Marchand
geb. 24.11.1842
gest. 7.12.1931
Stein F 10

Meyer Jacob
Sohn des Naphtali
geb.15.11.1837
gest.31.5.1902
Stein A 13
verh. mit
??

Julius Jacob
Brückstr. 1
geb. 23.1.1878
verh. mit
Frieda J., geb. Coppel
geb.30.3.1889
beide 10.12.1941
in Auschwitz ermordet

Josef Jacob
geb. 29.4.1883
verh. mit:
Amanda J. geb. Gupert
geb.21.5.1886
lebten Neustr. 40
beide 1942 ermordet
in Litzmannstadt

Elisabeth Jacob
geb. 16.9.1911
gest. 10.12.1941 Auschwitz

Fritz Jacob
geb.13.2.1913
emigriert nach Montevideo/
Uruguay; gest. 17.6.1987

Trude, verh.
Goldschmidt
geb.12.9.1919
emigriert nach
Buenos Aires/ Argentinien

Erna Jacob
gest. 1942 in Izbica

Sofie Jacob
geb. 23.6.1922
gest. 1942 Litzmannstadt

Margarete Jacob
geb.16.1.1931
gest. 1942 Litzmannstadt

Familie Naphtali Jacob

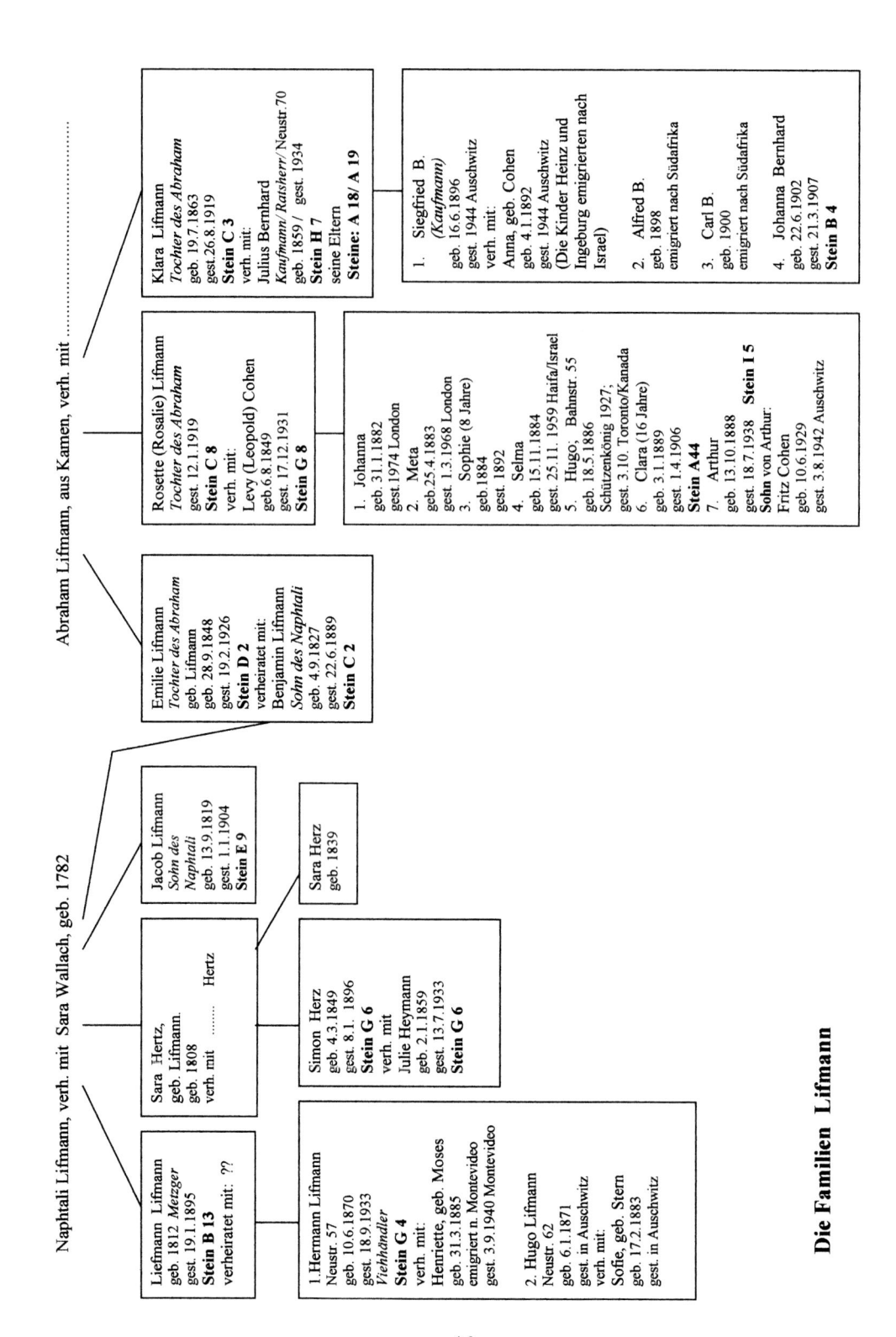

Naphtali Lifmann, verh. mit Sara Wallach, geb. 1782   Abraham Lifmann, aus Kamen, verh. mit ....

Liefmann Lifmann
Metzger
geb. 1812
gest. 19.1.1895
Stein B 13
verheiratet mit: ??

Sara Hertz,
geb. Lifmann,
geb. 1808
verh. mit .... Hertz

Jacob Lifmann
Sohn des Naphtali
geb. 13.9.1819
gest. 1.1.1904
Stein E 9

Emilie Lifmann
Tochter des Abraham
geb. Lifmann
geb. 28.9.1848
gest. 19.2.1926
Stein D 2
verheiratet mit:
Benjamin Lifmann
Sohn des Naphtali
geb. 4.9.1827
gest. 22.6.1889
Stein C 2

Rosette (Rosalie) Lifmann
Tochter des Abraham
gest. 12.1.1919
Stein C 8
verh. mit:
Levy (Leopold) Cohen
geb.6.8.1849
gest. 17.12.1931
Stein G 8

Klara Lifmann
Tochter des Abraham
geb. 19.7.1863
gest.26.8.1919
Stein C 3
verh. mit:
Julius Bernhard
Kaufmann/ Ratsherr/ Neustr.70
geb. 1859 / gest. 1934
Stein H 7
seine Eltern
Steine: A 18/ A 19

Simon Herz
geb. 4.3.1849
gest. 8.1. 1896
Stein G 6
verh. mit
Julie Heymann
geb. 2.1.1859
gest. 13.7.1933
Stein G 6

Sara Herz
geb. 1839

1. Hermann Lifmann
Neustr. 57
geb. 10.6.1870
gest. 18.9.1933
Viehhändler
Stein G 4
verh. mit:
Henriette, geb. Moses
geb. 31.3.1885
emigriert n. Montevideo
gest. 3.9.1940 Montevideo

2. Hugo Lifmann
Neustr. 62
geb. 6.1.1871
gest. in Auschwitz
verh. mit:
Sofie, geb. Stern
geb. 17.2.1883
gest. in Auschwitz

1. Johanna
   geb. 31.1.1882
   gest 1974 London
2. Meta
   geb.25.4.1883
   gest. 1.3.1968 London
3. Sophie (8 Jahre)
   geb.1884
   gest. 1892
4. Selma
   geb. 15.11.1884
   gest. 25.11. 1959 Haifa/Israel
5. Hugo; Bahnstr. 55
   geb. 18.5.1886
   Schützenkönig 1927;
   gest. 3.10. Toronto/Kanada
6. Clara (16 Jahre)
   geb. 3.1.1889
   gest. 1.4.1906
   Stein A44
7. Arthur
   geb. 13.10.1888
   gest. 18.7.1938 **Stein I 5**
   Sohn von Arthur:
   Fritz Cohen
   geb. 10.6.1929
   gest. 3.8.1942 Auschwitz

1. Siegfried B. (*Kaufmann*)
   geb. 16.6.1896
   gest. 1944 Auschwitz
   verh. mit:
   Anna, geb. Cohen
   geb. 4.1.1892
   gest. 1944 Auschwitz
   (Die Kinder Heinz und Ingeburg emigrierten nach Israel)
2. Alfred B.
   geb. 1898
   emigriert nach Südafrika
3. Carl B.
   geb. 1900
   emigriert nach Südafrika
4. Johanna Bernhard
   geb. 22.6.1902
   gest. 21.3.1907
   Stein B 4

Die Familien Lifmann

Familie Mose Moses

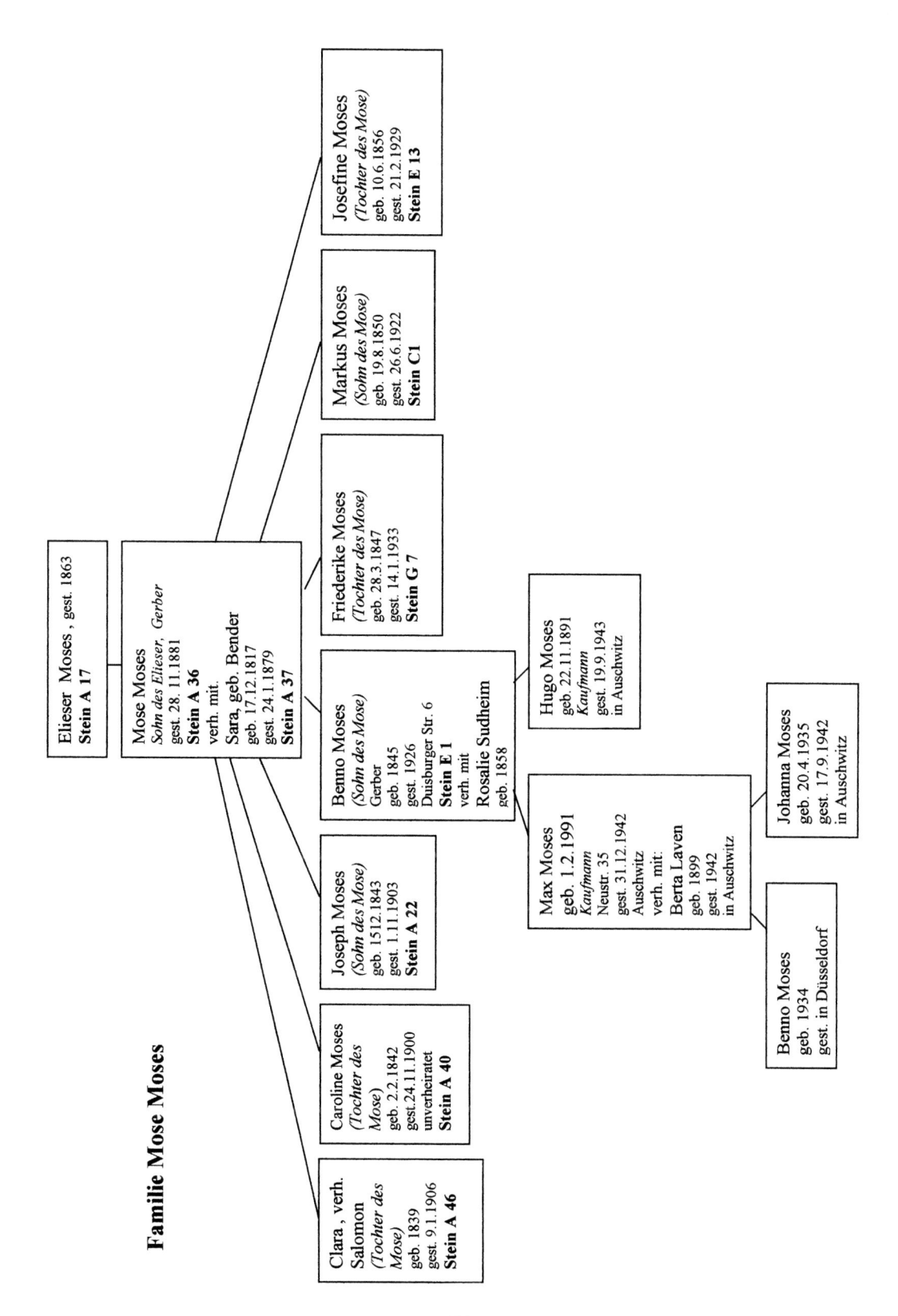

Elieser Moses, gest. 1863
Stein A 17

Mose Moses
Sohn des Elieser, Gerber
gest. 28. 11.1881
Stein A 36
verh. mit.
Sara, geb. Bender
geb. 17.12.1817
gest. 24.1.1879
Stein A 37

Clara, verh. Salomon
(Tochter des Mose)
geb. 1839
gest. 9.1.1906
Stein A 46

Caroline Moses
(Tochter des Mose)
geb. 2.2.1842
gest. 24.11.1900
unverheiratet
Stein A 40

Joseph Moses
(Sohn des Mose)
geb. 15.12.1843
gest. 1.11.1903
Stein A 22

Benno Moses
(Sohn des Mose)
Gerber
geb. 1845
gest. 1926
Duisburger Str. 6
Stein E 1
verh. mit
Rosalie Sudheim
geb. 1858

Friederike Moses
(Tochter des Mose)
geb. 28.3.1847
gest. 14.1.1933
Stein G 7

Markus Moses
(Sohn des Mose)
geb. 19.8.1850
gest. 26.6.1922
Stein C1

Josefine Moses
(Tochter des Mose)
geb. 10.6.1856
gest. 21.2.1929
Stein E 13

Hugo Moses
geb. 22.11.1891
Kaufmann
gest. 19.9.1943
in Auschwitz

Max Moses
geb. 1.2.1991
Kaufmann
Neustr. 35
gest. 31.12.1942
Auschwitz
verh. mit:
Berta Laven
geb. 1899
gest. 1942
in Auschwitz

Johanna Moses
geb. 20.4.1935
gest. 17.9.1942
in Auschwitz

Benno Moses
geb. 1934
gest. in Düsseldorf

Familie Seligmann Moses

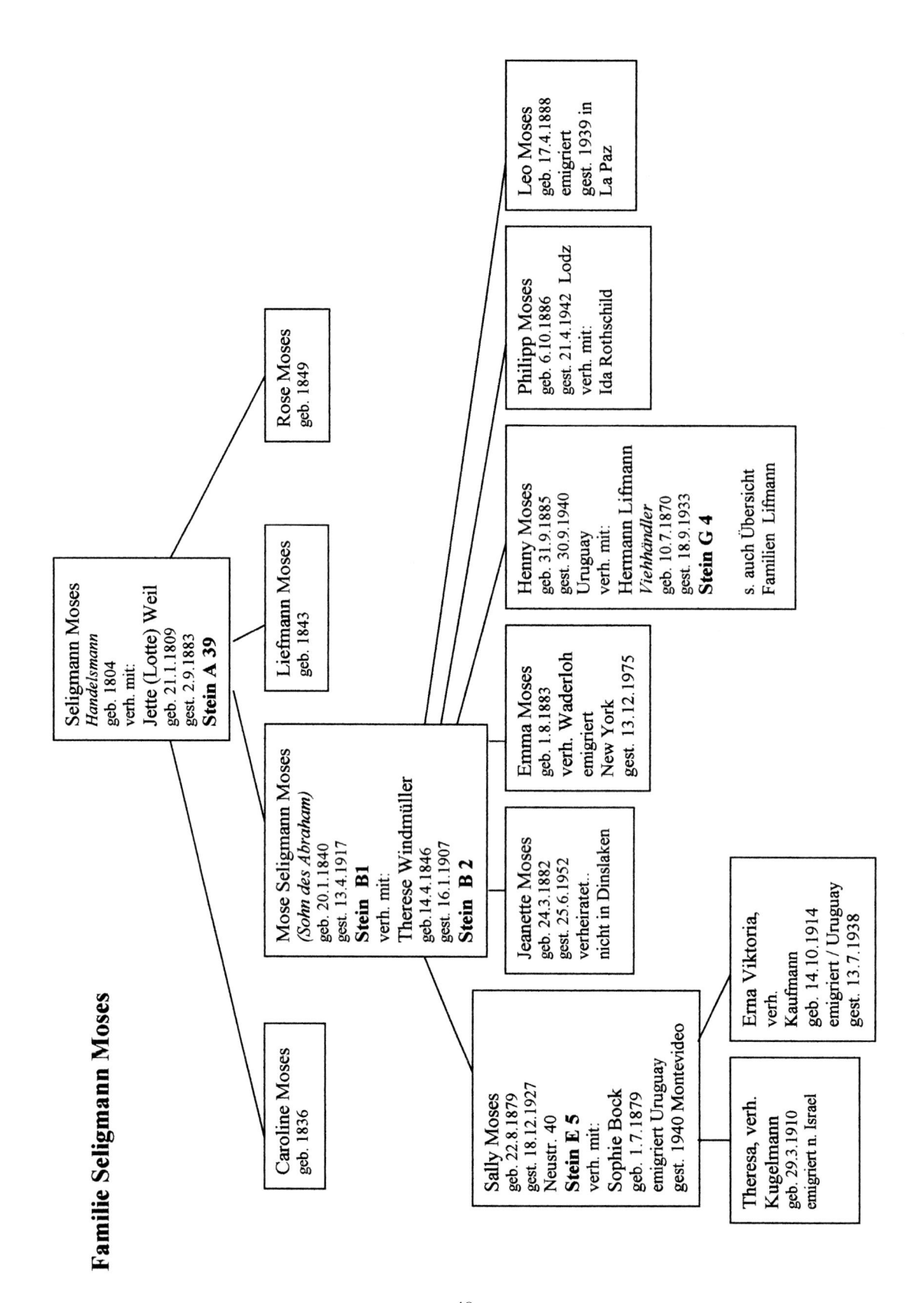

Seligmann Moses
Handelsmann
geb. 1804
verh. mit:
Jette (Lotte) Weil
geb. 21.1.1809
gest. 2.9.1883
Stein A 39

- Caroline Moses, geb. 1836
- Rose Moses, geb. 1849
- Liefmann Moses, geb. 1843
- **Mose Seligmann Moses** (*Sohn des Abraham*)
  geb. 20.1.1840
  gest. 13.4.1917
  Stein B1
  verh. mit:
  Therese Windmüller
  geb. 14.4.1846
  gest. 16.1.1907
  Stein B 2

Kinder von Mose Seligmann Moses und Therese Windmüller:

- **Sally Moses**
  geb. 22.8.1879
  gest. 18.12.1927
  Neustr. 40
  Stein E 5
  verh. mit:
  Sophie Bock
  geb. 1.7.1879
  emigriert Uruguay
  gest. 1940 Montevideo

- **Jeanette Moses**
  geb. 24.3.1882
  gest. 25.6.1952
  verheiratet,
  nicht in Dinslaken

- **Emma Moses**
  geb. 1.8.1883
  verh. Waderloh
  emigriert
  New York
  gest. 13.12.1975

- **Henny Moses**
  geb. 31.9.1885
  gest. 30.9.1940
  Uruguay
  verh. mit:
  Hermann Lifmann
  Viehhändler
  geb. 10.7.1870
  gest. 18.9.1933
  Stein G 4
  s. auch Übersicht Familien Lifmann

- **Philipp Moses**
  geb. 6.10.1886
  gest. 21.4.1942 Lodz
  verh. mit:
  Ida Rothschild

- **Leo Moses**
  geb. 17.4.1888
  emigriert
  gest. 1939 in La Paz

Kinder von Sally Moses und Sophie Bock:

- Theresa, verh. Kugelmann
  geb. 29.3.1910
  emigriert n. Israel

- Erna Viktoria,
  verh. Kaufmann
  geb. 14.10.1914
  emigriert / Uruguay
  gest. 13.7.1938

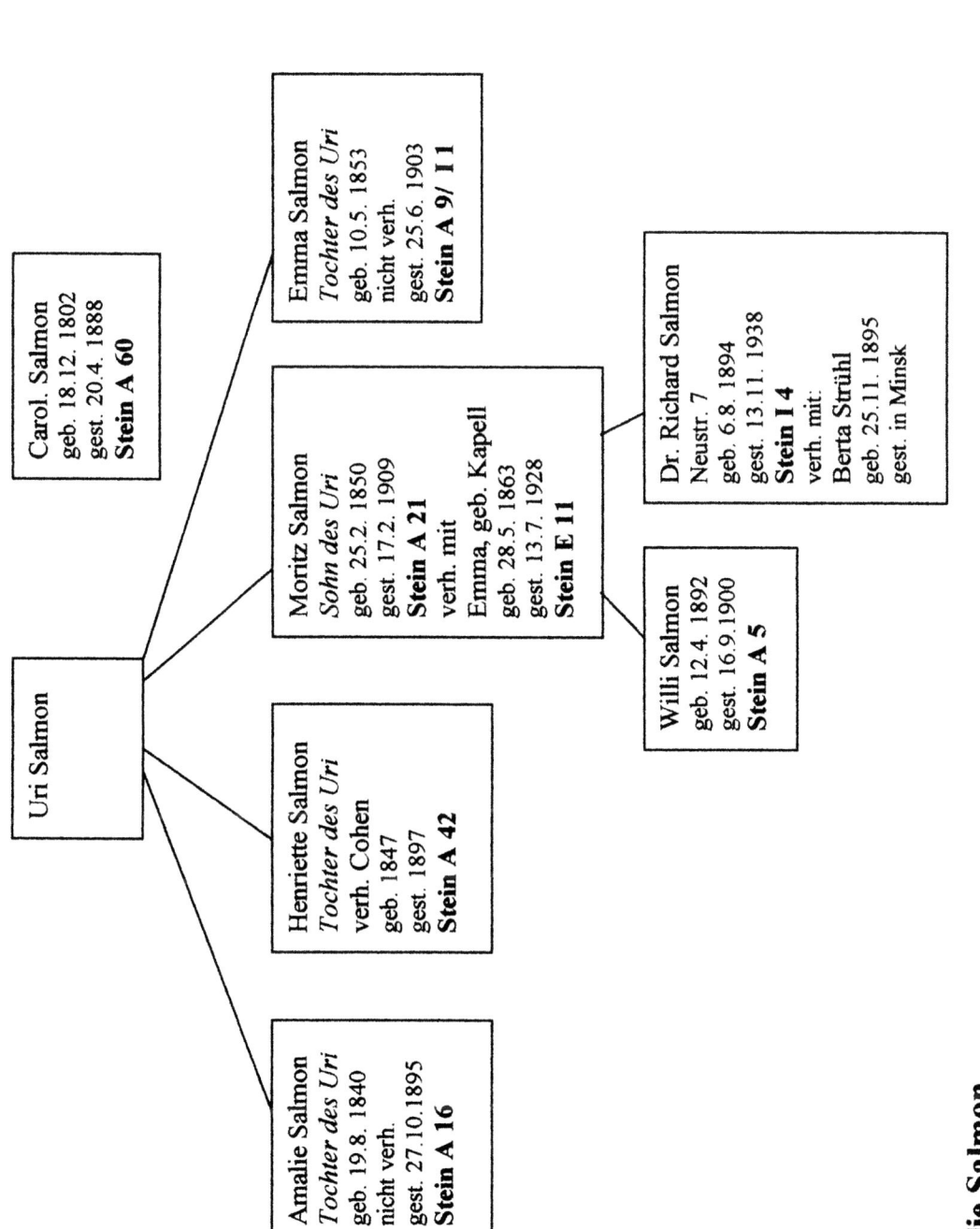

```
Uri Salmon
├── Carol. Salmon
│   geb. 18.12.1802
│   gest. 20.4.1888
│   **Stein A 60**
│
├── Amalie Salmon
│   *Tochter des Uri*
│   geb. 19.8.1840
│   nicht verh.
│   gest. 27.10.1895
│   **Stein A 16**
│
├── Henriette Salmon
│   *Tochter des Uri*
│   verh. Cohen
│   geb. 1847
│   gest. 1897
│   **Stein A 42**
│
├── Emma Salmon
│   *Tochter des Uri*
│   geb. 10.5.1853
│   nicht verh.
│   gest. 25.6.1903
│   **Stein A 9/ I 1**
│
└── Moritz Salmon
    *Sohn des Uri*
    geb. 25.2.1850
    gest. 17.2.1909
    **Stein A 21**
    verh. mit
    Emma, geb. Kapell
    geb. 28.5.1863
    gest. 13.7.1928
    **Stein E 11**
    │
    ├── Dr. Richard Salmon
    │   Neustr. 7
    │   geb. 6.8.1894
    │   gest. 13.11.1938
    │   **Stein I 4**
    │   verh. mit:
    │   Berta Strühl
    │   geb. 25.11.1895
    │   gest. in Minsk
    │
    └── Willi Salmon
        geb. 12.4.1892
        gest. 16.9.1900
        **Stein A 5**
```

Familie Salmon

3. Die Steine des jüdischen Friedhofs

- Dokumentation -

Du bist mächtig in Ewigkeit, Herr, belebst die Toten, du bist stark zum Helfen. Du ernährst die Lebenden mit Gnade, belebst die Toten in großem Erbarmen, stützest die Fallenden, heilst die Kranken, befreist die Gefesselten und hältst die Treue denen, die im Staube schlafen. Wer ist wie du, Herr der Allmacht, und wer gleichet dir, König, der du tötest und belebst und Heil aufsprießen lässt. Und treu bist du, die Toten wieder zu beleben. Gelobt seist du, Ewiger, der du die Toten wieder belebst!

Zweite Bitte des Sch´mone Esre, Achtzehnbittengebet, Hauptgebet der jüdischen Gemeinde

aus: Sidur Sefat Emet (Jüdisches Gebetbuch), Basel 1964, S.40ff

Plan des Jüdischen Friedhofs

mit Namen und Angabe des Todesjahrs

I:
1. Emma Salmon (1903) (Platte von Stein A 9)
2. Henny Jacob (1957)
3. (Platte) Meta Krakauer (1955)
4. (Platte) Dr. Richard Salmon (1938)
5. (Platte) Arthur Cohen (1938)

H:
1. Johanna Langstadt (1937)
2. Karl Bernhard (1936)
3. Julius Elkan (1936)
4. Ernst Scherbel (1935)
5. Feige Schächter (1935)
6. Pessie Kaufmann (1935)
7. Julius Bernhard (1934)

G:
1. Saly Strauss (1934)
2. Emma Elkan (1934)
3. Siegmund Spiegel (1933)
4. Hermann Lifmann (1933)
5. Leo Isaacson (1933)
6. Simon und Julie Herz (1896/ 1933)
7. Friederike Moses (1933)
8. Leopold Cohen (1931)

F:
1. Moritz und Hedwig Jacob (1929)
2. Salmon und Lisette Fuldauer (1929/ 35)
3. Erwin Simons (1918)
4. Meier David (1929)
5. Albert und Rosa Wolf (1929/ 35)
6. Bertha Salomon (1930)
7. Heinemann Heimberg (1931)
8. Chaye Haber (1931)
9. Paul Isaacson (1931)
10. Jeanette Jacob (1931)

A:
01. Arthur Heymann (1899)
02. Nettchen Waller (1896)
03. Platte fehlt!
04. Sibylla Herz (1904)
05. Willi Salmon (1900)
06. Paula Herz (1900)
07. Martha Skapowker (1905)
08. Benjamin Isaacson (1899)
09. Emma Salmon (1903)
10. Platte fehlt!
11. Adelheid Isaacson (1910)
12. Bräunche Waller (1896)
13. Meyer Jacob (1902)
14. Julie Jacob (1896)
15. Jacob Jacob (1881)
16. Amalie Salmon (1895)
17. Elieser, Sohn des Abraham (1863)
18. Salomon Bernhard (1894)
19. Rosa Bernhard (1902)
20. Andreas Abraham (1902)
21. Moritz Salmon (1909)
22. Joseph Moses (1903)
23. Ephraim, Sohn des Chajim (1858)
24. Esther Winter (1891)
25. Aron Jacob (1770)
26. Gela (Caroline) Jacobs (1858)
27. David Isaaksohn (1893)
28. Jakob, Sohn des Schimeon (1840)
29. Bela, Tochter des Schelomo (1870)
30. Mardochai, Sohn des Mose (1859)
31. Eisak, Sohn des Moses Josef (1775)
32. Meir Jacab (1863)
33. Hiwa Jacob (1860)
34. Ticha, Tochter des Josef (1850)
35. Kalman, Sohn des Schelomo (1843)
36. Moses Moses (1881)
37. Sara Moses (1879)
38. Hanna, Tochter des Mordechai (1835)
39. Jette Moses (1883)
40. Caroline Moses (1900)
41. Izek, Sohn des Naphtali (1758)
42. Henriette Cohen (1897)
43. Dora Immhoff (1884)
44. Clara Cohen (1906)
45. Sorle, Tochter des Josef (1865)
46. Clara Salomon (1906)
47. Jacob Jacobs (1885)
48. Sib. Jakob (1880)
49. Clara Jacobs (1878)
50. Scheinche, Tochter des Chajim (1853)
51. Ester, Tochter des Naphtali (1834)
52. Schelomo, Sohn des Schemuel (1857)
53. Salmon und Johanna Wolf (1905)
54. David und Regina Isaacson (1905)
55. David Harff (1893)
56. Naphtali ..... (1854)
57. Berta Fuldauer (1910)
58. Sophie Cohn (1895)
59. Rest eines Fundaments!
60. Carol. Salmon (1888)

E:
1. Benno Moses (1926)
2. Isaac Isaacson (1901)
3. Amalia Isaacson (1927)
4. Basie Stromwasser (1927)
5. Sally Moses (1927)
6. Malke Harff (1871)
7. Pauline Lifmann (1927)
8. Berta Lifmann (1893)
9. Jacob Lifmann (1904)
10. Stein ohne Platte
11. Emma Salmon (1928)
12. Gerson Jacobs (1895)
13. Josefine Moses (1929)

D:
1. Emma Rothschild (1926)
2. Emilie Lifmann (1926)
3. Jost Elkan (1925)
4. Stein ohne Platte
5. Regina Spiro (1924)
6. Jehuda Harff (1877)
7. Emil Jacoby (1924)
8. Jeanette Elkan (1924)
9. Sigmund und Fritz Davids (1923)
10. Thea Elkan (1923)

C:
1. Markus Moses (1922)
2. Benjamin Lifmann (1889)
3. Klara Bernhard (1919)
4. Zallel Haber (1919)
5. Rosa Simons (1919)
6. Regine Spiegel (1919)
7. Sabine Cohen (1919)
8. Rosalie Cohen (1919)
9. Jakob Stromwasser (1919)
10. Bernh. Hellmann (1917)
11. Elias Jacob (1917)

B:
1. Mose S. Moses (1917)
2. Therese Moses (1907)
3. Stele ohne Platte
4. Johanna Bernhard (1907)
5. Friederike Elkan (1916)
6. .Josef Elkan (1915)
7. Leeser Cohen (1915)
8. Stein ohne Platte
9. Bertha Harff (1914)
10. Selig Jacob (1912)
11. Simon Jacobs (1911)
12. Henriette Elkan (1911)
13. Liefmann Lifmann (1895)

A 1

Arthur

Heymann

geb. 16. Nov. 1885
gest. 2. Dez. 1899

Er ruhe in Frieden

Der Stein hat nur eine deutsche Inschrift.

Anmerkung:
Arthur Heymann starb mit 14 Jahren. Die Familie Heymann war verwandt mit der Familie Herz. Die Ehefrau von Simon Herz war eine geborene Heymann (Stein G 6). Über die Familie ist sonst nichts bekannt.

A 2

הנאהבים בחייהם
ובמותם לא נפרדו

Hier ruht
Frau Jacob Waller
Nettchen geb. Salm

geb. den 22. Mai 1838,
gest. den 14. November 1896

Übersetzung der hebräischen Inschrift :

Geliebt in ihrem Leben,
sind sie auch im Tode nicht geschieden

(aus 2. Samuel 1,23)

Anmerkung:
Dieser Stein ist der untere Teil des Grabsteins für Frau Nettchen Waller. Der Stein A 12 ist aus dem selben Material und bildete mit seinem dreieckgiebeligen Abschluss und der hebräischen Inschrift den oberen Teil. Der jetzige dreieckgiebelige Aufsatz besteht aus einem anderen Material. Er trägt einen Spruch, der als Spruch für das Doppelgrab eines Ehepaares beliebt war. Aufgrund seiner Gestaltung scheint er älter zu sein und wurde fälschlicherweise (evtl. beim Umsetzen der Steine 1927) auf diesen Grabstein gesetzt.

Über die Familie Waller ist nichts weiteres bekannt.

A 3

Einer der stummen Steine. Die Platte mit der Inschrift ist verloren gegangen.

A 4

פ״נ

אשה צנועה בכל דרכיה

ישרה ותמימה במעשיה

דרשה טוב בעלה כל ימיה

והדריכה במישור את בניה

ה״ה מרת בילא בת יעקב

מתה ביום ג׳ כ״ד סיון תרמ״ד

ונקברה ביום כ״ז בו לפ״ק

ת׳נ׳צ׳ב׳ה :

Hier ruht

Sibylla Herz

geb. Cahn

geb. den 28. Mai 1836, gest. den 7. Juni 1904.

Übersetzung der hebräischen Inschrift:

Hier ist begraben
eine Frau, bescheiden auf all ihren Wegen,
ehrlich und treu in ihrem Tun.
Sie erstrebte das Wohl ihres Ehemannes alle ihre Tage
und führte ihre Kinder zur Redlichkeit.
Das ist Frau Bela, Tochter des Jaakow.
Sie starb am Tag 3 (Dienstag) , den 24. Siwan 644,
und wurde begraben am 27. Tage in ihm nach der kleinen Zählung.
Ihre Seele sei eingebunden in das Bündel des Lebens.

Anmerkung: Der Sprung auf dem Grabstein ist auf einem Foto von 1987 noch nicht vorhanden.

Zur Person: Sibylla Herz, geb. Cahn könnte eine Schwägerin von Simon und Julie Herz
(Stein G 6) gewesen sein. Im Einwohnerverzeichnis der Stadt Dinslaken von 1858 taucht der Name der Familie Herz noch nicht auf.
Jedoch wird eine Familie Michael Kahn (geb. 1782) und Cilla, geb. Michels (geb. 1821) (wohl die zweite Ehefrau) genannt. Der Sohn des Michael Kahn (aus erster Ehe) Levy Kahn (geb. 1813) gehörte später zum Vorstand der Synagogengemeinde. Wahrscheinlich war die Verstorbene mit dieser Familie verwandt. Ein Stein des Ehemannes ist nicht vorhanden.

A 5

Hier ruht

Willi Salmon

geb. 12. April 1892,

gest. 16. Septbr. 1900.

Der Stein trägt nur eine deutsche Inschrift.

Zur Person:
Willi Salmon starb mit acht Jahren. Seine Eltern waren Fritz Salmon (1850 – 1909) (Stein A 21) und Emma, geb. Kapell (1863 – 1928) (Stein E 11).
Sein Bruder war Dr. Richard Salmon (1894 – 1938) (Stein I 4).
Vgl. Übersicht „Familie Salmon", S. 49.

A 6

פ״נ

ילדה שרה בת שמעון

מתה ט״ז תמוז תר״ס לפ״ק

ת'נ'צ'ב'ה

Hier ruhet sanft!
Paula Herz

geb. am 19. Mai 1889, gest. am 13. Juli 1900

Friede ihrer Asche!

Übersetzung der hebräischen Inschrift:

Hier ist begraben
das Mädchen Sara, Tochter des Schimeon.
Sie starb am 15. Tammus 660 nach der kleinen Zählung (Dienstag,12.Juli1900).
Ihre Seele sei eingebunden in das Bündel des Lebens.

Anmerkung:
Der Wunsch „Friede ihrer Asche" ist kein Hinweis auf eine Feuerbestattung.

Zur Person:
Paula Herz starb mit 11 Jahren. Sie war die Tochter von Simeon und Julie Herz, geb. Heymann (Gemeinsamer Stein G 6).

A 7

פ״נ

ילדה רכה מרת

מינדל רבקה

בת שאול הכהן נ״י

מתה ביום ד׳ שבט

תרס״ו לפ״ק :תנצב״ה:

Martha Skapowker

geb. 15. September 1894,
gest. 31. Januar 1905.

Übersetzung der hebräischen Inschrift:
Hier ist begraben
das zarte Mädchen,
Mindel Rebekka,
Tochter des Schaul, Ha-Kohen, sein Licht leuchte.
Sie starb am 4. Schwat 666 nach der kleinen Zählung.
Ihre Seele sei eingebunden in das Bündel des Lebens.

Anmerkung: Symbol: Davidstern
Das Datum stimmt in sich nicht: der 4. Schwat 666 fiel auf Mittwoch, den 31. Januar 1906, der 31. Januar 1905 auf Dienstag, den 25. Schwat 665.
Die eingesetzte Platte ist durch einen Schlag stark gesprungen. Das erste Wort der dritten Zeile konnte mit Hilfe einer Aufnahme von 1983 ergänzt werden. Auch damals war der Stein schon gesprungen, aber noch nicht so stark beschädigt.
Der Zusatz zum Namen des Vaters „sein Licht leuchte" bedeutet, dass der Vater noch lebt.

Zur Person: Martha Skapowker wurde nur 10 Jahre alt. Ihre Eltern waren Paul Skapowker (geb. 15.11.1861) und Helene, geb. Rosenfeld. Beide stammten aus Litauen und wurden 1922 eingebürgert. Paul Skapowker war in den Jahren 1895 – 1906 Kantor der Gemeinde. Sie hatten ein kleines Geschäft in der Duisburger Str. 108. Paul Skapowker starb am 5.3.1941, wurde aber nicht auf diesem Friedhof beigesetzt. Seine Frau zog nach dem Tod ihres Mannes am 22.7.1942 nach Düsseldorf. Sie wurde am 18.11.1942 in Theresienstadt ermordet.

A 8

Hier ruht

unser

innigstgeliebter,

unvergesslicher Vater

Benjamin

Isaacson

פינחס בר שלמה

geb. 8. Mai 1836,

gest. 30. Sept. (כ"ו תשרי) 1899,

תנצב"ה

Übersetzung der hebräischen Inschrift:
Der jüdische Name: „Pinchas, Sohn des Schelomo", das Datum des jüdischen Kalenders: „26.Tischri " und die Abkürzung des Segensspruches: „Seine Seele sei eingebunden in das Bündel des Lebens" sind hebräisch.

Zur Person:
Benjamin Isaacson war Sohn des Salomon (Schelomo) Isaacson (geb. 1794 - gest. 1857) (Stein A 52). Er war verheiratet mit der Sara, geb. Andreas, und ein Bruder von Samuel und Elieser Isaacson. Benjamin Isaacson war somit ein Vetter von Adelheid Isaacson (Stein A 11), von David Samuel Isaacson (Stein A 54) und Johanna, verh. Wolf
(Stein A 53).
Vgl. auch die Übersicht zu „Familie Samuel Isaacson", S. 43.

A 9

פ "נ

הבתולה

רמה בת אורי

מתה ביום ל' תמוז

Emma

Salmon

geb. 10. Mai 1853,

gest. 25. Juni 1903.

Übersetzung der hebräischen Inschrift:

Hier ist begraben
die unverheiratete Frau
Rama, Tochter des Uri.
Sie starb am 30. Tammus.

Anmerkung:
Das Datum stimmt nicht: Der Tammus hatte nur 29 Tage. Der 29. Tammus fiel auf Freitag, 24. Juli 1903, der 25. Juni 1903 fiel auf den 30. Sivan 663. Der Monat ist falsch angegeben: statt Tammus müßte es heißen Sivan.
Auf einem Foto von 1986 ist die Platte mit der Inschrift noch vorhanden. Inzwischen (2003) ist sie abgefallen und liegt an der Stelle I 1.

Zur Person:
Emma Salmon, Tochter des Uri, war nicht verheiratet.
Die Steine von drei Geschwistern stehen auf dem Friedhof:
Amalie (1840-1895) (Stein A 16),
Henriette, verh. Cohen (1847 – 1897) (Stein A 42),
Moritz (1850- 1909) (Stein A 21).
Vgl. auch die Übersicht zu „Familie Salmon", S. 49.

A 10

Einer der stumm gewordenen Steine. Da er in der hinteren Reihe steht, muss er von dem alten Friedhof stammen.

Interessant ist das Gefäß („Seelengefäß") auf dem Stein.

A 11

פ"נ

הבתולה החשובה

אדיל בת שמואל

מתה והלכה לעלמה

ז׳ יניש מויבאייר

ונקברה ביום רביעי

ט׳ ר׳ת וב׳ ט׳ לפ"ק

ת'נ'צ'ב'ה

Fraülein

Adelheid Isaacson

gest. 16. Mai 1910

Übersetzung der hebräischen Inschrift:

Hier ist begraben
die angesehene unverheiratete Frau
Edel, Tochter des Schemuel.
Sie starb und ging in ihre Welt
am zweiten Tag, den 7. Ijar   (Montag, 16. Mai 1910)
und wurde begraben am Tag 4 (Mittwoch),
den 9. Tag in ihm 670 nach der kleinen Zählung.
Ihre Seele sei eingebunden in des Bündel des Lebens.

Zur Person:
Die Verstorbene war Tochter des Samuel Isaacson und der Wilhelmine, geb. Meier. Sie war nicht verheiratet.
Die Steine des Bruders und der verheirateten Schwester stehen ebenfalls in dieser Reihe: David Samuel Isaacson (gest. 1905) (Stein 54) und Johanna, verh. Wolf (gest. 1908) (Stein A 53). Vgl. auch die Übersicht zu „Familie Samuel Isaacson", S. 43.

A 12

פ"ט

האשה ישרה ונעימה

שהלכה בדרך תמימה

מרת ברינכה בת

יעקב הלוי אשת יעקב

וואללער מתה בשם טוב

יום שבת ק' ט' כסלו תרנ"ז

לפ"ק

תנצב"ה

Übersetzung der hebräischen Inschrift:

Hier ist verborgen
eine aufrechte und freundliche Frau,
die den Weg der Rechtschaffenheit ging,
Frau Bräunche, Tochter
des Jaakow, Ha-Levi, die Frau des Jaakow
Waller. Sie starb mit gutem Namen
am Tage des Heiligen Sabbat, den 9. Kislew 657
nach der kleinen Zählung.
Ihre Seele sei eingebunden in das Bündel des Lebens.

Anmerkung: Sabbat, der 9. Kislew 657 war Samstag, der 14.Nov.1896.
Der Stein (mit hebräischer Inschrift) ist der obere Teil des Grabsteins A 2 für Nettchen Waller.
s. auch zu A 2

A 13

פ"נ

איש ירא ה' מנעוריו

תם וישר בכל מעשיו

מאיר בר נפתלי הכהן

מת ביום ש"ק כ"ד אייר

ונקבר ביום ג' כ"ז בו

תרס"ב לפ"ק

ת נ צ ב ה

Meyer Jacob

geb. 15. Nov. 1837,

gest. 31. Mai 1902.

Übersetzung der hebräischen Inschrift:

Hier ist begraben
ein gottesfürchtiger Mann, von seiner Jugend an
aufrecht und rechtschaffen in allen seinen Taten,
Me-ir, Sohn des Naphtali Ha- Kohen.
Er starb am heiligen Sabbat, den 24. Ijar,
und wurde begraben am Tag 3 (Dienstag), den 27. (Tag) in ihm
662 nach der kleinen Zählung.
Seine Seele sei eingebunden in das Bündel des Lebens.

Anmerkung: Sabbat, der 24. Ijar 662, war Samstag, der 31. Mai 1902.

Zur Person:
Der Verstorbene war Sohn der Eheleute Naphtali Jacob und der Sib.(illa), geb. Herz.
Der Name seiner Ehefrau ist nicht bekannt.
Der Sohn Josef war verheiratet mit Amanda, geb. Gumpert und wohnte in der Neustr. 40.
Beide wurden in Litzmannstadt ermordet. Ebenso deren Kinder Margarete (1942 in Litzmannstadt) und Erna (1942 in Izbica).

A 14

פ " נ

אשה ישרה וטובה

גיטלכא בת נפתלי

נפטרה ביום א' כ"ד אדר

ונקברה ביום ד' כ"ט בו

תרנ"ו לפ"ק

ת נ צ ב ה

Julie Jacob
geb. Schönbach
geb. 20. Juni 1824 ?
gest. (...?....) 1896

Die Inschrift ist stark verwittert und musste aus dem Zusammenhang rekonstruiert werden.

Übersetzung:
Hier ist begraben
eine aufrechte und gute Frau,
Gitlcha, Tochter des Naphtali.
Sie starb am Tag 1 (Sonntag), 24. Adar
und wurde begraben am Tag 4 (Mittwoch), den 29. in ihm,
656 nach der kleinen Zählung.
Ihre Seele sei eingebunden in das Bündel des Lebens.

Anmerkung:
Das Datum stimmt in sich nicht:
24. Adar 656 = Montag, 9. März 1896
24. Adar I 657 = Freitag, 26. Febr. 1897
24. Adar II 657 = Sonntag, 28. März 1897

Zur Person:
Julie Jacob war verheiratet mit Jacob Jacob, Sohn des Meier (Nachbarstein A 15; beide Steine haben dasselbe Aussehen). Ihr Sohn war Moritz Jacob (Stein F 1).

A 15

פ״נ

איש ישר וטוב

יעקב בר מאיר כ״ץ

נפטר ביום ב' ז' אדר שני

ונקבר ביום ד' ט' בו

פל א׳מ׳ר׳ת״ק

ת׳נ׳צ׳ב׳ה

Jacob Jacob

geb. 13. Jan. 1816

gest. 7. März 1881

Die Inschrift ist stark verwittert und musste rekonstruiert werden. Die Jahreszahl ist deutlich lesbar.

Übersetzung der hebräischen Inschrift:

Hier ist begraben
ein aufrechter und geachteter Mann,
Jaakob, Sohn des verehrten Me-ir.
Er starb am Tag 2 (Montag), den 6. des 2. Adar,
und wurde begraben am Tag 4 (Mittwoch), den 9. in ihm,
641 nach der kleinen Zählung.
Seine Seele sei eingebunden in das Bündel des Lebens.

Anmerkung: Montag, der 6. des zweiten Adar 641 war der 7. März 1881.

Zur Person:
Jacob Jacob, Sohn des Meir, war verheiratet mit Julie, geb. Schönbach (nebenstehender Stein A 14). Ihr Sohn Moritz war verheiratet mit Hedwig, geb. Herz aus Puchheim
(1859 – 1929) (gemeinsamer Stein F 1).

A 16

Hier ruht in Frieden

Amalie

Salmon

מאדכה בת אורי

geb. 19. Aug. 1840,

gest. 27. Oct. י׳ חשון

1895.

ת׳נ׳צ׳ב׳ה

Übersetzung der hebräischen Inschrift:

Angabe des hebräischen Namens: „Madche, Tochter des Uri"
Angabe Sterbedatums: „10. Cheshwan"
Abkürzung des üblichen Segensspruches: „Ihre Seele sei eingebunden in das Bündel des Lebens".

Anmerkung:
Sonntag, 27.10.1895, war der 9. Cheschwan 656.

Zur Person:
Anna Salmon war Tochter des Uri Salmon. Die Steine ihrer drei Geschwister befinden sich ebenfalls auf dem Friedhof:
Henriette, verh. Cohen (1847-1897) (Stein A 42)
Moritz Salmon (1850-1909) (Stein A 21)
Emma Salmon (1853 – 1903) (Stein A 9 bzw. I 1).

A 17

פ״נ

איש הולך תמים היה

צדיק באמונתו חיה

אהב צדק ומישרים

היטיב לקרוביו גם לזרים

ה׳ אליעזר בר כ״ה

אברהם משה דוד

נפטר במוצאי שבת

ונקבר ביום ט׳י׳ כסלו ד׳כ׳ר׳ת׳

לפ״ק אמן

תנצב״ה

Übersetzung der hebräischen Inschrift:

Hier ist begraben
ein redlich wandelnder Mann war er,
gerecht in seinem Glauben lebte er.
Er liebte Recht und Gerechtigkeit.
Er war gut zu seinen Verwandten und auch zu Fremden.
Das ist Elieser, Sohn des ehrenwerten Herrn
Abraham Mose David.
Er starb am Ausgang des Sabbat
und wurde begraben am 19. Kislew 624
nach der kleinen Zählung. Amen.
Seine Seele sei eingebunden in das Bündel des Lebens.

Anmerkung: Sabbatausgang vor dem 19. Kislew war Samstagabend, der 28. 11. 1863.
Zur Person: Elieser, Sohn des Abraham Mose David, war möglicherweise der Vater des Mose Moses (Stein A 36). Vgl. die Übersicht zu „Familie Mose Moses", S. 48.

A 18

פ"נ

איש צדיק

וישר ונאמן רוח

בצל כנפי השכינה בשלום תנוח

שלמה בר קלונימוס

ז"ט ה סויב ומלועל דלהו תמ

מרחשון ונקבר ביום א' י"ט בו

תרנ"ה לפ"ק

תנצב"ה

Salomon Bernhard

geb. 18. Nov. 1817,

gest. 14. Nov. 1894.

Übersetzung der hebräischen Inschrift:

Hier ist begraben
ein gerechter und
aufrechter Mann von fester Gesinnung,
unter dem Schutz der Flügel Gottes wohne er in Frieden,
Schelomo, Sohn des Kalonimus.
Er starb und ging in seine Welt am 5. Tag (Donnerstag), den 16.
Marcheschwan, und wurde begraben am 1. Tag (Sonntag), den 19. in ihm,
655 nach der kleinen Zählung (1894).
Seine Seele sei eingebunden in das Bündel des Lebens.
Anmerkung: Der 16. Marcheschwan war Donnerstag, der 15. November 1894.
Zur Person:
Salomon Bernhard war verheiratet mit Rosa Lenneberg (nebenstehender Stein A 19).
Der Sohn Julius Bernhard war verheiratet mit Klara, geb. Lifmann (Stein C3). Er war Kaufmann und Ratsherr. Sie wohnten Neustraße 70. Ihr Haus steht heute noch Ecke Neustr./ Friedrich Ebert Str. (Vgl. auch die Übersicht zu den „Familien Lifmann", S. 46).

A19

פ"נ

האשה החשובה

מרת רישכא בת יצהק

מתה והלכה לעלמה

ביום ב' ג' אדר ונקברה

ביום ה' ו' בו תרס"ג לפ"ק

תנצב"ה

Frau Salomon Bernhard
Rosa, geb. Lenneberg

geb. 2. März 1822

gest. 2. März 1903

Übersetzung der hebräischen Inschrift:

Hier ist begraben
Die angesehene Frau,
Frau Rös-che, Tochter des Jizchak.
Sie starb und ging in ihre Welt
am Tag 2 (Montag), den 3. Adar, und wurde begraben
am Tag 5 (Donnerstag), den 17. in ihm, 663 nach der kleinen Zählung.
Ihre Seele sei eingebunden in das Bündel des Lebens.

Zur Person:
Rosa Bernhard war verheiratet mit Salomon Bernhard (1817 – 1894) (nebenstehender Stein A 18).

A 20

פ״נ

איש זקן ושבע ימים

הלך לעלמה בטוב ובנעימם

אשר בר אברהם

מת ביום ערב שבת קדש

כ״ד טבת ונקבר ביום ב׳ כ״ו בו

תרס״ג לפ״ק

תנצב״ה

Andreas Abraham

geb. 27. Jan. 1826

gest. 3. Jan. 1902

Übersetzung der hebräischen Inschrift:

Hier ist begraben
ein alter Mann, alt und satt an Tagen.
Er ging in die Ewigkeit in Güte und Freundlichkeit,
Asser, Sohn des Abraham.
Er starb am Vorabend des heiligen Sabbat (Freitag),
den 24. Tewet, und wurde begraben am Tag 2 (Montag), den 27. in ihm,
663 nach der kleinen Zählung.
Seine Seele sei eingebunden in das Bündel des Lebens.

Anmerkung: Das Datum ist in sich nicht stimmig. Freitag, der 3. Januar 1902 war der 24. Tewet des jüdischen Jahres 66<u>2</u>.

Zur Person:
Andreas Abraham war verheiratet mit Clara Michels (geb. 1819) aus einer der sechs Familien, die schon 1776 in Dinslaken ansässig waren. Ein Abraham Michels war 1812 im Synagogenvorstand.

A 21

Hier ruht

mein lieber Gatte

unser guter Vater

Moritz Salmon

משה בר אורי

geb. 25. Febr. 1850,

gest. 17. Febr.1909.

Übersetzung der hebräischen Inschrift:

Angabe des Synagogennamens „Mose, Sohn des Uri" in hebräischer Sprache.

Zur Person:
Moritz Salmon war Sohn des Uri Salmon.
Er war verheiratet mit Emma, geb. Kapell (1863-1928) (Stein E 11).
Die Steine seiner Geschwister Amalie Salmon (1840-1895) (Stein A 16),
Henriette, verh. Cohen (1847-1897) (Stein A 42) und Emma Salmon (1853-1903)
(Stein A 9, bzw. I 1) stehen ebenfalls auf dem Friedhof.
Seine Söhne waren Willi Salmon, (1892-1909) (Stein A 5)
und Dr. Richard Salmon (1894-1938) (Stein I 4).

A 22

פ " נ[

....

יוסף[........................]

מת [......................]

תנצ [ב"ה]

Joseph Moses

geb. 15. Dez. 1818
gest. 1. Nov. 1903

Die hebräische Inschrift des Steins ist stark verwittert und nicht mehr zu rekonstruieren. Zu Beginn der dritten Zeile ist der Name „Joseph" und in der fünften Zeile sind Reste des Segenswunsches: „Seine Seele sei eingebunden in das Bündel des Lebens" zu erkennen.

Zur Person:
Joseph Moses war Sohn des Mose Moses (Stein A 36) und der Sara, geb. Bender (Stein A 37). Drei Brüder und drei Schwestern sind ebenfalls hier bestattet.
Vgl. die Übersicht zu Familie „Mose Moses", S. 47.

A 23

פ״נ

איש אמונים צדיק וישר

ירא אלהים וסר מרע

עושה צדקה בכל עת

אפרים ב׳ כ״ה חיים הלוי

מת בש״ט יום ג׳ כ״ה שבט

וניקבר ביום ד׳ כ״ו תרי״ח לפ״ק

ת׳ נ׳ צ׳ ב׳ ה׳

Übersetzung der hebräischen Inschrift:

Hier ist begraben
ein angenehmer Mann, gerecht und rechtschaffen,
gottesfürchtig und das Böse meidend.
Er erwies Wohltätigkeit alle Zeit,
Ephraim, Sohn des verehrten Chajim Halevi.
Er starb mit gutem Namen am Tag 3 (Dienstag), den 25. Shewat,
und wurde begraben am Tag 4 (Mittwoch), den 26. (Shewat) 618 nach der kleinen Zählung.
Seine Seele sei eingebunden in das Bündel des Lebens.

Anmerkung: Die Darstellung einer Kanne auf dem Stein weist darauf hin, dass der Verstorbene aus dem Stamm Levi stammt. Der 25. Schwat 618 war Dienstag, der 9. Februar 1858.

Zur Person: Ephraim, Sohn des Chajim Halevi, war ein Bruder der Scheinche, Tochter des Chajim Halevi (Stein A 50).

A 24

פ " ט

אשה חשובה עטרת בעלה
סבלה עולה עד קץ עמלה
תמימה היתה אשת חיל
רחום יעורר נשמתה מליל
מרת אסתר בת שלמה
אשת אברהם ווינטער
מק"ק נייס

ימי שנותינו עברה ושלשה
ונפטר' בש"ט עש"ק י"א תמוז
תרנ"א לפ"ק

ת נ צ ב "ה

Übersetzung der hebräischen Inschrift:
Hier ist begraben
eine angesehene Frau, die Krone ihres Mannes,
sie erduldete ihr Joch bis ans Ende ihrer Mühen.
Sie war eine tüchtige Frau.
Der Barmherzige erwecke ihre Seele aus der Nacht,
Frau Ester, Tochter des Schelomo,
Gattin des Abraham Winter
aus der Heiligen Gemeinde Neuss.
Unsere Lebensjahre verdoppelte und verdreifachte sie
und starb mit gutem Namen am Vorabend des Heiligen Sabbat, den 11. Tammus
651 nach der kleinen Zählung (Freitag, 17. Juli 1891).
Ihre Seele sei eingebunden in das Bündel des Lebens.

Der Grabstein hat eine deutsche Inschrift auf der Rückseite:
Hier ruht
die geachtete
Frau Abrah. Winter
geb. Esther Michels
aus Neuss.
Gest. im 74. Lebensjahre
am 17. Juli 1891.
Sie ruhe in Frieden!

Zur Person: Ester Winter geb. Michels (geb. 1817) könnte aus der Familie Michels stammen. Sie wäre dann eine Schwester von Clara Abraham, geb. Michels (geb. 1819). S. zu Stein A 20.

A 25

פ"נ

איש צדיק וישר כ"ה

אהת יעקב המכונה קאפיל

בר ישעי' אשר נפטר והלך

לעולמו ביום ש"ק ונקבר

למחרתו ביום א' זין טבת

שנת תקל"א לפ"ק

ת נ צ ב "ה

Übersetzung der hebräischen Inschrift:

Hier ist begraben
ein gerechter und aufrechter Mann, der ehrenwerte
Aaron Jakob, genannt Koppel,
Sohn des Jeschajahu, welcher starb und
in seine Welt ging am Tage des Heiligen Sabbat und begraben wurde
am nächsten Tag, dem Tag 1 (Sonntag), den 7. Tewet
im Jahre 531 nach der kleinen Zählung.
Seine Seele sei eingebunden in das Bündel des Lebens.

Anmerkung: Dieser Stein ist einer der ältesten auf dem Friedhof.
Die Bedeutung des Symbols oben auf dem Stein ist nicht bekannt.
Das erste Wort in der dritten Zeile ist verschrieben. Es muss heißen: אהרן = Aaron.
Der 7. Tewet 531 war Samstag, der 22. Dezember 1770.

Zur Person: Aaron Jacob, Sohn des Jeschajahu, gehörte zu einer der sechs Familien, die 1776 in Dinslaken ansässig waren. Einige Steine aus dieser Zeit sind verloren gegangen.

A 26

Der Grabstein hat auf der Vorderseite eine hebräische und auf der Rückseite eine deutsche Inschrift. Leider ist die Rückseite nicht sichtbar, da der Stein unmittelbar vor der Hecke steht.

Der Text der hebräischen Inschrift   **Der Text der deutschen Inschrift**

פ״ט

גולה הנולדה מן בילא
אשת כ״ה גרשון
אשת חיל ויעלת חן
מעירה כשושנה מבין החוחים יצאה
וחן בעיני אלהים ואדם מצאה
יראת ד׳ אוצרה היתה
ומדרכי התעודה לא נטתה
..................לחצי שניה
עלה מות בחלונה ודוהים את פניה
....

| Hier ruht |
| Caroline Jacobs |
| geb. Bacharach aus Hamm |
| geb. 4.Sept. 1831 verm. 21. Febr. 1855 |
| gest. 22. August 1858 |
| Eine edle biedere Frau. |
| Wie eine Rose auf schattiger Umgebung |
| kam aus ihrem Geburtsort sie her |
| von Gott und Menschen gleich geliebt. |
| In Gottesfurcht bestand ihr Schatz |
| in Gotteslehre ihr Wegweiser. |
| Aber ach, erblasste sie. Tod |

Übersetzung der Hebräischen Inschrift:
Hier ist verborgen
Gela, geboren von Bella,
Gattin des Herrn Gerschon.
Eine tüchtige Frau und anmutig wie eine Gazelle.
Aus ihrer Stadt kam sie wie eine Rose inmitten der Dornen.
Und Wohlgefallen fand sie in den Augen Gottes und der Menschen.
Die Furcht des Ewigen war ihr Schatz
und von den Wegen des Zeugnisses wich sie nicht.
Doch kam sie nicht bis zur Hälfte ihrer Jahre.
[Der Tod stieg in ihr Fenster und ließ ihr Antlitz fahl werden
zum Leid ihres Gatten ihrer Verwandten und Nachbarn
am Sonntag, dem 12. Elul des Jahres 618 nach der kleinen Zählung.]

Bemerkung: Die untere Hälfte lässt sich heute nicht mehr lesen. Die Übersetzung stammt aus der Beschreibung des Steins bei Brocke / Mirbach, S. 50 ff
Zur Person: Caroline Jacobs ist mit 27 Jahren nach nur drei Jahren Ehe verstorben. Der Ehemann Gerson Jacobs (1815 - 1895) ist ebenfalls hier bestattet (Stein E 12).

A 27

פ"נ

איש תם ירא ד'
אהב הצדק והישר
בדרכי ד' הלך כל ימיו
דוד בר אליעזר
נפטר בן ט"ב שנים ביום ב' י"ח כסלו

ונקבר ביום כ' בו תרנ"ד לפ"ק

תנצב"ה

David Isaaksohn

geb. 9. Juli 1831,
gest. 27. Nov. 1893.

Übersetzung der hebräischen Inschrift:

Hier ist begraben
ein aufrechter und gottesfürchtiger Mann.
Er liebte Gerechtigkeit und Rechtschaffenheit,
auf den Wegen Gottes ging er alle seine Tage,
David, Sohn des Elieser.
Gestorben im Alter von 62 Jahren am Tag 2 (Montag), den 18. Kislew
und begraben am 20. Tage in ihm, 654 nach der kleinen Zählung.
Seine Seele sei eingebunden in das Bündel des Lebens.

Anmerkung: Der 18. Kislew 654 war Montag, der 27. November 1893.

Zur Person: Der Familienname von David Isaaksohn hat eine andere Schreibweise als die der übrigen Familienmitglieder „Isaacson".
Er war Sohn des Elieser Isaacson. Die Steine seines Bruders Isaak (1841 - 1901) (Stein E 2) und dessen Ehefrau Amalie, geb. Rosenheim (1842 – 1927) (Stein E 3) befinden sich ebenfalls auf dem Friedhof.

A 28

פ"נ

שמח בחור בילדותך בחדוה ורינה

תנוח בקברך בגן עדן יעשו לך חפתך

כי בך בחר אלהיך ה"ה הב"ח יעקב

ב"ר שמעון הלוי נפטר והלך לעולמו

ביום ב' ונקבר למחרתו ביום

ג' ד"ח סיון ת"ר לפ"ק

תנצב"ה

Übersetzung der hebräischen Inschrift:

Hier ist begraben
Freue dich, Junggeselle, in deiner Jugend in Freude und Jubel
ruhst du in deinem Grab. Im Garten Eden wird man dir den Traubaldachin errichten.
Denn dein Gott hat dich ausgewählt. Das ist der verehrte Junggeselle Jakob,
Sohn des Herrn Schimeon Halevi. Er starb und ging in seine Welt
am Tag 2 (Montag) und wurde begraben am nächsten Tag,
Tag 3 (Dienstag), dem Neumond Sivan, 600 nach der kleinen Zählung.
Seine Seele sei eingebunden in das Bündel des Lebens

Anmerkung: Montag, der 29. Ijar (der Tag vor dem Neumond, dem 1. Siwan) 600, war Montag, der 1. Juni 1840.

Zur Person:
Jakob war Sohn des Simeon Halevi (Stein verloren) und der Hanna, Frau des Simeon Halevi (Stein A 38).

A 29

פ "נ

אשה חשובה ויקרה מרת

בילה בת ר' שלמה אשת ר' אריה

המכונה ליב כ"ץ   נפטרה ביום

ד' ד' אלול ונקברה ביום א' ח' אלול

תר"ל   לפ"ק

בטוב טעם צפתה הליכות בית

יראה את י"י הית מעשיה כזית

לבעלה ולבניה יחידה עטרת

ה [............] נפלה כותרת

ת נ צ ב " ה

Die Inschrift ist stark verwittert und konnte nicht mehr vollständig rekonstruiert werden.

Übersetzung der hebräischen Inschrift:
Hier ist begraben
eine geachtete und bekannte Frau, Frau
Bela , Tochter des Herrn Schelomo, Gattin des Herrn Arie,
genannt Löb Kaz. Sie starb am 4. Tag (Mittwoch)
den 4. Elul, und wurde begraben am Tag 1 (Sonntag), den 8. Elul
630 nach der kleinen Zählung.
Mit gutem Verstand achtete sie auf die Wege des Hauses.
Gottesfürchtig war sie, wie ein Ölbaum ihr Tun,
die einzige Krone ihres Ehemannes und ihrer Kinder.
Das ist [................] gefallen wie eine Säule.
Ihre Seele sei eingebunden in das Bündel des Lebens.

Anmerkung:
Die Anfangsbuchstaben der 7. bis 10. Zeile bilden ein Akrostichon und geben den Namen der Verstorbenen „ Bela" (בילה) wieder. Der 4. Elul 630 war Mittwoch, der 31. August 1870.
Zur Person: Bela war möglicherweise die Tochter von Schelomo Isaacson (Stein A 52) und die Schwester von Benjamin Isaacson (Stein A 8). Sie war die Frau des Arie, genannt Löb Kaz. Sein Stein ist nicht erhalten.

A 30

פ״נ

איש ישר שהלך

תמיד בדרך טובים

ר׳ מרדכי בר משה

נפטר בשם טוב כ״ז

ואדר ונקבר ביום כ״ט

תרי״ט לפ׳ק

ת׳נ׳צ׳ב׳ה

Übersetzung der hebräischen Inschrift:

Hier ist begraben
ein aufrechter Mann.
Beständig ging er den Weg der Guten,
Herr Mardochai, Sohn des Mose.
Er starb mit gutem Namen am 27.
des 2. Adar und wurde begraben am 29. (des 2. Adar)
619 nach der kleinen Zählung.
Seine Seele sei eingebunden in das Bündel des Lebens.

Anmerkung:
Der 27. des 2. Adar 619 war Samstag, der 2. April 1859.

A 31

פ " נ

איש נדיב הלך בתמימים

צדקתו היו טובים : כטל

וכרביבים משביע -

לרעבים לרחוקים ולקרובים:

והיה מן המקשיבים לקול

תורה ותפילה משכימים -

ומעריבים :שמו היה נודע

באהבים: כ"ה אייזק ב"ה

משה יוסף הלוי ז"ל נפטר

ונקבר והלך לעולמו ביום

ג' א' דר"ח חשון תקל"ו

תנצב"ה

Dieser Stein ist einer der ältesten auf den jüdischen Friedhof in Dinslaken.

Übersetzung der hebräischen Inschrift:

Hier ist begraben
ein aufrechter Mann, der den Weg der Gerechtigkeit ging.
Seine gerechten Taten waren gut, wie Tau
und milder Regen. Er speiste
die Hungernden von fern und nah.
Er hat der Stimme der
Tora zugehört und gebetet früh morgens
und spät abends. Sein Name war bekannt
bei den Freunden. Der geehrte Herr Eisek, Sohn des Herrn
Moses Josef Halevi, seligen Angedenkens. Er starb
und wurde begraben und ging in seine Welt am
Tag 3 (Dienstag), dem ersten Tag des Neumonds
Cheswan 536 (nach der kleinen Zählung). (Dienstag, 24. Oktober 1775)
Seine Seele sei eingebunden in das Bündel des Lebens.

Zur Person: Der Verstorbene Eisek, Sohn des Moses Josef Halevi, gehörte zu einer der sechs Familien, die 1776 in Dinslaken ansässig waren.

A 32

פ"נ
איש צדיק וישר בנדיבים
הלך תמיד דרך טובים
דבק נפשו באלהים חיים
וכל מעשיו היו לשם שמים
ה' מאיר בר יעקב הכהן
נפטר ביום ו' ערב שבת קודש
ונקבר ביום א' כ"ח תשרי
תרכ"ד לפ"ק אמן
תנצב"ה

Übersetzung der hebräischen Inschrift:

Hier ist begraben
ein Mann, gerecht und aufrecht unter den Edlen.
Er ging beständig den Weg des Guten.
Seine Seele hing an dem lebendigen Gott
und alle seine Taten waren um des Himmels willen.
Das ist Meir, Sohn des Jaakow Ha-Kohen.
Er starb am Tag 6 (Freitag), dem Vorabend des Heiligen Sabbat,
und wurde begraben am Tag 1 (Sonntag), 28. Tischri
624 nach der kleinen Zählung. Amen.
Seine Seele sei eingebunden in das Bündel des Lebens.

Anmerkung: Der Sterbetag, der 26. Tischri 624, war Freitag, der 9. Oktober 1863.

Zur Person:
Der Grabstein ist der Stein des Meier Jacob. Er war verheiratet mit Hewa, der Tochter des Mose (gest. 1860). Ihr Stein ist der nebenstehende Stein. (Stein A 33). Beide haben dasselbe Aussehen. Vgl. auch die Übersicht zu „Familie Meier Jacob", S. 44.

A 33

פ"נ

אשת חיל תפארת בעלה ובניה

תמימה וישרה ונעימה במעשיה

לעני ולאביון פרשה כפיה

לגמול חסד ואמת כל ימיה

ה"ה מרת העווא בת משה הלוי

אשת מאיר כ"ץ נפטרה בת ס"ד שנה

ביום ד' כ"א תמוז ונקברת ע"ש תר"ך לפ"ק

תנצב"ה

Übersetzung des hebräischen Textes:

Hier ist begraben
eine tüchtige Frau, Zierde ihres Mannes und ihrer Kinder.
Redlich, aufrecht und treu war sie in ihren Taten.
Den Armen und Bedürftigen öffnete sie ihre Hand
zur Erweisung von Güte und Treue ihr ganzes Leben.
Das ist Frau Hewa, Tochter des Mose Halevi,
Frau des Meir, seligen Angedenkens. Sie starb im Alter von 64 Jahren
am Tag 4 (Mittwoch), den 24. Tammus, und wurde begraben am Vorabend
des Sabbat (Freitag), 620 nach kleiner Zählung (1860).
Ihre Seele sei eingebunden in das Bündel des Lebens.

Anmerkung: Der 24. Tammus 620 war Mittwoch, der 11. Juli 1860.

Zur Person: Die Verstobene, Hewa, war die Frau des Meier Jacob, dessen Stein der nebenstehende Stein ist (Stein A 32). Beide Steine haben dasselbe Aussehen.

A 34

פ " נ

אשת חיל

צדקה עשתה כאביגיל

צנועה בדבורה ובמעשיה

בדרך ישרה הלכה כל ימיה

מרת טייכה בת ר׳ יוסף

אשת ר׳ קלונימוס ז״ל שנפטרת

ביום ש״ק כ״ג אלול ונקברת

ביום א׳ כ״ד אלול תר״י לפ״ק

תנצב״ה

Übersetzung der hebräischen Inschrift:

Hier ist begraben
eine tüchtige Frau.
Wohltätigkeit erwies sie wie Abigail,
bescheiden in Wort und Tat.
Auf geradem Weg ging sie ihr ganzes Leben.
Frau Teiche, Tochter des Herrn Josef,
Frau des Herrn Kalonimus, sel. Angedenkens, welche starb
am Tage des Heiligen Sabbat, den 23. Elul, und begraben wurde
am Tag 1 (Sonntag), den 25. Elul, 610 nach der kleinen Zählung.
Ihre Seele sei eingebunden in das Bündel des Lebens.

Anmerkung:
Der Sabbat, 23. Elul, fiel auf Samstag, den 31. August 1850.
Zur Person: Frau Teiche war Frau des Kalonimus. Der nebenstehende Stein hat das gleiche Aussehen wie dieser Stein. (Stein A 35). Dort ist als Name Kalman (Kalonimus) genannt. Es handelt sich um die beiden Steine eines Ehepaares. Der bürgerliche Familienname, der seit 1809 verbindlich war, ist nicht eingetragen.

A 35

פ"נ

איש הלך בתמים דבק

עצמו באלהים חיים

כ"ה קלמן בכהר"ר שלמה

ז"ל נפטר ביום ד' כ"ד

שבט ונקבר ביום ו'

כ"ו שבט תר"ג לפ"ק

תנצב"ה

Übersetzung der hebräischen Inschrift:

Hier ist begraben
ein Mann, der in Redlichkeit wandelte,
sein Wesen hing fest an dem lebendigen Gott.
der geehrte Herr Kalman, Sohn des geehrten Herrn, Herrn Schlomo,
sein Andenken zum Segen, verschieden am Tag 4. (Mittwoch), den 24.
Schewat und begraben am Tag 5 (Donnerstag),
den 26. Schewat 603 nach der kleinen Zählung.
Seine Seele sei eingebunden in das Bündel des Lebens.

Anmerkung:
Der 24. Schewat 603 war am Mittwoch, dem 25. Januar 1843.
Die Inschrift auf diesem Stein ist nur im oberen Teil erhalten. Vier Zeilen fehlen.
Die letzte Zeile lässt noch erkennen, dass hier der Segenswunsch „Seine Seele sei eingebunden...." stand.
Die Zeilen 4 bis 7 waren im Jahre 1983 noch erhalten. Die Inschrift wurde nach einer Fotografie ergänzt.
Zur Person: Bei dem Verstorbenen handelt es sich um den Ehemann der Teiche. (Stein A 34). Beide Steine haben das gleiche Aussehen. Der bürgerliche Familienname ist nicht verzeichnet.

A 36

Die Vorderseite dieses Steins ist hebräisch beschriftet, die Rückseite deutsch.

פ"נ

איש ישר וטוב

משה בר אליעזר

נפטר ביום ב' ו' כסלו

ונקבר ביום ה' ט' בו

תרמ"ב לפ"ק

תנצב"ה

Deutsche Inschrift (Rückseite):
Moses Moses
gest. 28. Nov. 1881

Übersetzung der hebräischen Inschrift:
Hier ist begraben
ein aufrechter und guter Mann,
Mose, Sohn des Elieser.
Er starb am 2. Tag (Montag),den 6. Kislew,
und wurde begraben am Tag 5 (Donnerstag), den 9. in ihm,
642 nach der kleinen Zählung.
Seine Seele sei eingebunden in das Bündel des Lebens.

Bemerkung:
Der 6. Kislew 642 war am Montag, den 28. November 1881.

Zur Person:
Der Stein des Moses Moses steht neben dem seiner Ehefrau Sara, geb. Bender (Stein A 37).
Sie hatten sechs Kinder. Deren Steine stehen ebenfalls auf dem Friedhof: Caroline (nicht verh.) (Stein A 40); Josef, (Stein A 22); Benno, (Stein E 1); Friedrich, (Stein G 7); Markus, (Stein C 1); Josefine, (Stein E 13). Vier Generationen der Familie Moses sind in Dinslaken nachzuweisen.

A 37

פ"נ

אשה ישרה ונעימה

שרכי בת ר' יוזפא

מביללערבעק

מתה ביום עש"ק

ער"ח שבט

תרל"ט לפ"ק

ת' נ' צ' ב' ה'

Deutsche Inschrift auf der Rückseite:

Sara Moses
geb. S. Bender
aus Billerbeck
geb. 17. Decemb. 1817
gest. 24. Januar 1879

Übersetzung der hebräischen Inschrift:

Hier ist begraben
eine aufrechte und angenehme Frau,
Särche, Tochter des Herrn Juspa
aus Billerbeck.
Sie starb am Vorabend des Neumonds Shewat
639 (1879) nach der kleinen Zählung
Ihre Seele sei eingebunden in das Bündel des Lebens.

Anmerkung:
Der Vorabend des Neumonds Schewat 639 war Freitag, der 24. Januar 1879.
Zur Person: Sara Moses war Ehefrau des Moses Moses (nebenstehender Stein A 36). S. dort und Übersicht der Familie „Seligmann Moses", S. 48.

A 38

פ " נ

אשת חיל צנועה היתה

בדבורה מעשיה היה נעימה

וכאביגיל עשתה צדקה מרת

חנה בת מרדכי אשת רבי

שמעון הלוי הלכה לעולמה

ביום ב' חית אדר ונקברת

ביום גימל טית אדר תקצ"ה לפ"ק

תנצב"ה

Übersetzung der hebräischen Inschrift:

Hier ist begraben
die tüchtige Gattin. Bescheiden war sie
in ihrer Rede, ihr Tun war angenehm
und wie Abigail handelte sie wohltätig. Frau
Hanna, Tochter des Mordechai, die Frau des Herrn
Schimeon Ha-Levi. Sie ging in ihre Welt
am Tag 2 (Montag), den 8. Adar und wurde begraben
am Tag 3 (Dienstag), den 9. Adar 595 nach der kl. Zählung.
Ihre Seele sei eingebunden in das Bündel des Lebens.

Anmerkung:
Der letzte Buchstabe der Jahreszahl ist nicht genau zu lesen (595 oder 598). Der Todestag war entweder Montag, der 9. März 1835 oder Montag, der 5. März 1838.

Zur Person:
Hanna, Tochter des Mordechai (Stein A 30), war verheiratet mit Simeon Halevi. Sein Stein ist nicht erhalten. Der Stein des Sohnes Jacob, Sohn des Simeon Halevi, ist der Stein A 28.

A 39

פ״נ

אשת חיל

יחד בת שלמה הלוי

מת׳ בשם טוב ביום ה׳ י״א אלול

ונקברה ביום ו׳ בו תרמ״ג לפ״ק

תנצב״ה

Jette Moses

geb. Weil aus Haltern

geb. 21. Jan 1809,

gest. 12. Sept. 1883.

Übersetzung der hebräischen Inschrift:

Hier ist begraben
die tüchtige Gattin
Jached, Tochter des Schelomo Ha-Levi.
Sie starb mit gutem Namen am Tag 5 (Donnerstag), den 11. Elul,
und wurde begraben am Tag 6 (Freitag) in ihm, 643 nach der kl. Zählung.
Ihre Seele sei eingebunden in das Bündel des Lebens.

Anmerkung: Der 11. Elul 643 war Donnerstag, der 13. September 1883.

Zur Person:
Jette Moses, geb. Weil war verheiratet mit Seligmann Moses (sein Stein ist nicht vorhanden.)
Sie hatten fünf Kinder. Von drei Kindern stehen Steine auf dem Friedhof:
Mose Seligmann (geb. 1840) (Stein B 1), Clara, verh. Salomon (Stein A 46) und
Caroline Moses (nicht verh.) (nebenstehender Stein A 40).

A 40

פ״נ

בתולה

געלה בת משה

מתה ביום שבת קדש

ב׳ כסלו תרס״א

ת נ צ ב ״ ה

Hier ruht

Caroline Moses

geb. 2. Febr. 1842

gest. 24. Nov. 1900

Übersetzung der hebräischen Inschrift:

Hier ist begraben
das Fräulein
Gela, Tochter des Mose.
Sie starb am Tage des Heiligen Sabbat
dem 2. Kislew 661 nach der kl. Zählung.
Ihre Seele sei eingebunden in das Bündel des Lebens.

Anmerkung:
Sabbat, der 2. Kislew 661, war am Samstag, den 24. November 1900.

Zur Person:

Caroline Moses war die unverheiratete Tochter des Mose Moses und der Sara, geb. Bender (Steine A 36 und A 37).   Die Steine von drei Brüdern (Steine A 22; E 1; C 1) und zwei Schwestern (G 7; E 13) stehen ebenfalls auf dem Friedhof. Vgl. auch die Übersicht zu der „Familie Seligmann Moses", S. 48.

A 41

פה
ט מ ן

איש ישר וכשר והלך
במצוה כי ועסק במו״מ
ר׳ מ׳ כ׳ שדקה ה״ה הנומאב
איצק בר נפתלי ז״ל
דינשלאגען ..... נפטר
בשם טוב יום ו׳ עש״ק
כ״ו טבת תקי״ח לפ״ק
תנצב״ה עם שאר צדיקים
וצדקניות שבג״ע אמן

Übersetzung der hebräischen Inschrift:
Hier ist verborgen
ein aufrechter und tüchtiger Mann. Er wandelte
im Gebot, denn er beschäftigte sich in Treue mit Handel und Wandel.
Das ist der heilige hochverehrte
Izek, Sohn des Naphtali, seligen Angedenkens,
Dinslaken....   Er starb
mit guten Namen am Tag sechs, dem Vorabend des heiligen Sabbat (Freitag),
dem 26. Tewet 518 nach der kleinen Zählung.
Seine Seele sei eingebunden in das Bündel des Lebens mit den übrigen
gerechten Männern und Frauen, die im Garten Eden (sind). Amen.

Anmerkung: Dieser Stein aus dem Jahre 1758 ist der älteste Stein des Friedhofs. Er muss einer der ersten Steine auf dem alten Friedhof (auf dem Duhl) gewesen sein.
Der 26. Tewet 518 war Freitag, der 6. Januar 1758.

Zur Person: Der Verstorbene Izek, Sohn des Naphtali gehörte zu den sechs Familien, die 1776 in Dinslaken ansässig waren. Möglicherweise hat er 1722 die Einrichtung des Friedhofs am Duhl miterlebt. Da es zu jener Zeit noch keine festen Familiennamen gab, ist es nicht möglich, seine Familienzugehörigkeit zu bestimmen.

A 42

פ"נ

יענט בת אורי אשת

אליעזר בר חיים הכוהן

מתה במוצאי שבת כ"ט טבת

ונקברה ביום ד' ג' שבט

תרנ"ז לפ"ק

תנצב"ה

Hier ruht
Henriette Cohen
geb. Salmon
geb. am 20. Febr. 1847
gest. am Abend des 2. Jan. 1897

Übersetzung der hebräischen Inschrift:

Hier ist begraben
Jent, Tochter des Uri, Frau
des Elieser, des Sohnes des Chajim Ha-Kohen.
Sie starb am Ausgang des Sabbat (Samstag Abend), den 29. Tewet,
und wurde begraben am Tag 4 (Mittwoch), den 3. Shewat
657 nach der kl. Zählung.
Ihre Seele sei eingebunden in das Bündel des Lebens.

Anmerkung: Der 29. Tewet 657 war Samstag, der 2. Januar 1897

Zur Person:
Henriette Cohen, geb. Salmon, war Tochter des Uri Salmon. Sie hatte drei Geschwister, deren Steine ebenfalls auf dem Friedhof stehen: Amalie Salmon (nicht verheiratet) (Stein A 16); Moritz Salmon (Stein A 21); Emma Salmon (nicht verheiratet) (Stein A 9, bzw. I 1). S. auch die Übersicht zu der Familie Salmon.
Sie war verheiratet mit Leser Cohen (Stein B 7). Sie hatten eine Tochter Sabine Cohen (1877-1919). Ihr Stein steht ebenfalls auf dem Friedhof (Stein C 7).

A 43

פ״ט
בתולה צנועה וחסודה
דרכי נועם היו כל דרכיה
נאספה במבחר שנותיה
מרת אלק בת כהר״ר אורי
מק״ק לידענשייד
קטפה המות ביום ה׳ ב׳ דשמועות
ונקברה ביום א׳ י׳סיון
תרמ״ב לפ״ק

Übersetzung der hebräischen Inschrift:

Hier ist verborgen
eine bescheidene und gütige Jungfrau.
Freundlich waren alle ihre Wege.
Sie wurde versammelt in ihren besten Jahren,.
Frau Olk, Tochter des verehrten Herrn Uri,
aus der heiligen Gemeinde Lüdenscheid.
Der Tod schnitt sie ab am Tag 5 (Donnerstag), den 2. Tag von Schawuot
und sie wurde begraben am Tag 1 (Sonntag), den 6. Siwan,
642 nach der kleinen Zählung.

> **Deutsche Inschrift auf der Rückseite:**
> Hier ruht
> Dora Immhoff
> aus Lüdenscheid
> gest. in Dinslaken ... 1882

Anmerkung: Schawuot ist das sogen. Wochenfest im Monat Siwan, sieben Wochen nach Pessach, vergleichbar mit Pfingsten, sieben Wochen nach Ostern.
Der zweite Tag von Schawuot 642 war Donnerstag, der 25. Mai 1882.

A 44

Hier ruht

Clara Cohen

גלה

בת יהודה הכהן

geb. 3. Jan. 1889,

gest. 1. April 1906.

ה ב צ נ ת

Die Inschrift enthält nur den hebräischen Namen „Gela, Tochter des Jehuda Ha-Cohen" und die Abkürzung des Segens in hebräischer Sprache.

Zur Person:
Clara Cohen ist Tochter des Levy Cohen (1849-1931) (Stein G 8) und der Rosalie (Rosette), geb. Lifmann (gest. 1919) (Stein C 8) . Sie starb im Alter von 16 Jahren. Der Stein des Bruders Arthur Cohen ist Stein I 5.   S. auch die Übersicht der „Familie Cohen", S. 40.

A 45

פ״נ
אשה מהוללה ויקרה
מוכתרת בכל מדה ישרה
מרת שרלה בת ר׳
יוסף הלוי
נפטרה ביום ב׳ ט״ז תמוז
ונקברה ביום ד׳ י״ח תמוז
תרכ״ה לפ״ק
ת׳נ׳צ׳ב׳ה׳

Übersetzung der hebräischen Inschrift:

Hier ist begraben
eine Frau, die gerühmt wurde und geschätzt war,
gekrönt mit jeder aufrechten Tugend,
Frau Sorle, Tochter des Herrn
Josef Ha-Levi.
Sie starb am Tag 2 (Montag), den 16. Tammus,
und wurde begraben am Tag 4 (Mittwoch), den 18. Tammus
625 nach der kl. Zählung.
Ihre Seele sei eingebunden in das Bündel des Lebens.

Anmerkung:

Der 16. Tammus 625 war Montag, der 10. Juli 1865.

A 46

פ״נ

Hier ruht in Frieden

Frau

Clara Salomon

geb. Moses

geb.   Dezbr. 1839,

gest. 9. Januar 1906

קינדלע בת משה

ת׳ נ׳ צ׳ ב׳ ה׳

Der Stein trägt nur den Namen „Kindle, Tochter des Mose" und die Abkürzung des Segensspruches „Ihre Seele sei eingebunden in das Bündel des Lebens" in hebräischer Sprache.

Zur Person:

Clara Salomon war Tochter des Seligmann Moses und der Jette, geb. Weil (Stein A 39).

A 47

פ"נ
האיש הישר הבחור
כ"ה יעקב בן כ"ה חיים סג"ל
בחייו עשה טוב בעיני
אלהיו וצדקה לבני אדם
נולד יום א' כ"ו אדר שני תקס"ז
וימת זקן ושבע ימים
בעש"ק ב' אייר תרמ"ה לפ"ק
תנצב"ה

Jacob Jacobs

gest. 17. April 1885

Übersetzung der hebräischen Inschrift:

Hier ist begraben
der aufrechte Mann, der Junggeselle,
der verehrte Jakob, Sohn des verehrten Chajim Segel.
Er handelte gut in den Augen
seines Gottes und war wohltätig gegenüber den Menschen.
Er wurde geboren am Tag 1 (Sonntag), den 26. des zweiten Adar 567 (1806)
und starb alt und satt an Tagen
am Vorabend des Heiligen Sabbat (Freitag), den 2. Ijar 645 nach der kl. Zählung.
Seine Seele sei eingebunden in das Bündel des Lebens.

Anmerkung:
Der 2. Ijar 645 war Freitag, der 17. April 1885.

Zur Person: Jacob Jacobs (geb. 1808) war unverheiratet. Er war der Sohn des Chajim (Heinrich) Jacobs (geb. 1774) und der Therese, geb. Gerson (geb. 1780). Ihre Steine sind verloren. Sein Bruder war Gerson Jacobs (1815 – 1895) (Stein E 12).

A 48

פ " נ

אשה יראה אלהים

בלמכה בת יאסף

אשת נפטלי בר יעקב הכהן

ותמת עש"ק ונקברה ביום

ב' כ"ה אדר תר"מ לפ" ק

תנצב"ה

Sib. Jakob, geb. Herz

gest. 8. März 1880
im 77. Lebensjahre

Übersetzung der hebräischen Inschrift:

Hier ist begraben
eine gottesfürchtige Frau,
Blümchen, Tochter des Josef,
Frau des Naphtali, Sohn des Jaakow Ha-Kohen.
Sie starb am Vorabend des Hl. Sabbat (Freitag) und wurde begraben
am Tag 2 (Montag), den 25. Adar 641 nach der kleinen Zählung.
Ihre Seele sei eingebunden in das Bündel des Lebens.

Anmerkung: Todestag: Freitag, der 5. März 1880. Das Datum in der deutschen Inschrift (8. März 1880) gibt das Begräbnisdatum an.
Die Namen Josef und Naphtali sind verschrieben: יאסף statt יוסף und נפטלי statt נפתלי.

Zur Person:
Die Verstorbene (geb. 1813) war verheiratet mit Naphtali Jacob (Stein A 56 ??). Sie hatten sieben Kinder: Jacob (geb. 1828 – lebte in Altenkirchen), Elias (1829, gest. 31.8.1917) (Stein C 11), Elisabeth (geb. 1830), Sybilla (geb. 1832), Selig Jacob (1835 –1912) (Stein B 10) und Meyer Jacob (1837 – 1902) (Stein A 13).

A 49

Clara Jacobs

geb. Meyer
gestorben in ihrem 68.Lebensjahre
am 13. August 1878

Der Stein steht falsch. Er hat auf der Rückseite eine hebräische Inschrift
(10 Zeilen) , die eigentlich nach vorn zeigen müsste.
Leider ist die hebräische Inschrift nicht lesbar, da der Stein unmittelbar vor der Hecke steht.
Außerdem ist die Rückseite stark mit Moos bewachsen.
Von der hebräischen Inschrift sind nur noch die ersten Worte zu entziffern:

פ"נ
אשת חיל תפארת בעלה ובניה
במעשיה ....

> Hier ist begraben
> eine tüchtige Frau, die Zierde ihres Mannes und ihrer Kinder
> .... in ihrem Tun

Zur Person: Clara Jacobs, geb Meyer (1810 – 1878) war verheiratet mit Meyer Simon Jacobs. Sein Stein ist nicht mehr vorhanden. Stein des Sohnes Simon Jacobs (1836 – 1911) ist der Stein B 11. Die Namen von zwei Töchtern sind bekannt: Hannchen (geb. 1840) und Lotte (geb. 1847).

A 50

פ"נ

עד הגל הזה ועדה המצבה

האשה המהוללה
אשת חיל ת' בעלה
מ' שינכה בת ר' חיים הלוי
אשת אהרן בר ר' משה
מתה ביום ד' ונקברה
ביום ה' כ"ט אדר ראשון
תרי"ג לפ"ק תנצב"ה

Übersetzung der hebräischen Inschrift:

Hier ist begraben
„Zeuge ist dieser Stein, ein Zeuge dieses Mal". (Zitat: Genesis 31,52)

die lobenswerte Frau
die tüchtige Gattin, Zierde ihres Mannes,
Frau Scheinche, Tochter des Herrn Chajim, Halevi,
Frau des Aharon, Sohn des Herrn Mose.
Sie starb am Tag 4 (Mittwoch) und wurde begraben
am Tag 5 (Donnerstag), dem 29. des ersten Adar,
613 nach der kleinen Zählung. Ihre Seele sei eingebunden in das Bündel des Lebens.

Anmerkung: Mittwoch, der 29. des ersten Adar 613 war der 9. März 1853.

Zur Person:
Scheinche, war Tochter des Chajim Halevi. Der Stein ihres Bruders Ephraim, Sohn des Chajim Halevi, ist der Stein A 23.

A 51

פה נתמנת

א"ח

צנועה היתה בדבורה

ובמעשיה

אסתר בת נפתלי אשת

כ"ה מיכאל כ"ץ

עלתה נשמתה

ביום ג' דחה"מ ש"פ

תקצ"ד לפ"ק

Übersetzung der hebräischen Inschrift:

Hier ist verborgen
die tüchtige Gattin,
bescheiden in ihren Worten
und Taten,
Ester, die Tochter des Naphtali, die Frau
des ehrenwerten Michael Kaz.
Ihre Seele stieg auf
am dritten Tag der Zwischenfeiertage von Pessach
594 nach der kleinen Zählung.

Anmerkung: Der 3. Zwischenfeiertag von Pesach 594 war Montag, der 28. April 1834.

A 52

עד הגל הזה ועדה המצבה

פ " נ

איש ישר שהלך תמיד

בדרך טובים ר׳ שלמה

בר שמואל נפטר

בשם טוב י״ז כסליו

ונקבר ביום כ׳ כסליו

תרי״ח לפ״ק

תנצב״ה

Übersetzung der hebräischen Inschrift:

Zeuge ist dieser Steinhaufen, ein Zeuge dieses Mal. (Genesis 31, 52)

Hier ist begraben
ein aufrechter Mann, der immer
auf dem Weg des Guten ging, Herr Schelomo,
Sohn des Schemuel. Er starb
mit gutem Namen am 17. Kislew
und wurde begraben am 20. Kislew
618 nach der kl. Zählung.
Seine Seele sei eingebunden in das Bündel des Lebens.

Anmerkung:
Der 17. Kislew 618 war Freitag, der 4. Dezember 1857.

Zur Person: Schelomo (Salomo), Sohn des Schemuel (Samuel), war der Vater des Benjamin Isaacson (Stein A 8). Er war ein Onkel von Johanna Isaacson, verh. Wolf (Stein A 53) und David Isaacson (Stein A 54). Von daher erklärt sich der Standort des Steins.

A 53

פ"נ

האשה חשובה   איש תם וישר

מ' הננא   ר' אברהם

בת שמואל   בר בנימן הכהן

מתה ז' אדר א'   מת כ"ד טבת

תרס"ה לפ"ק

תנצב"ה

Hier ruhen

unsere lieben Eltern

Salmon	**Johanna Wolf**
Wolf	**geb. Isaacson**
geb. 18.März 1830,	geb. 10.Febr. 1836,
gest. 1. Jan. 1905.	gest. 12. Febr. 1905.

Symbol: segnende Priesterhände

Übersetzung der hebräischen Inschrift:

Hier sind begraben

ein rechtschaffener und aufrechter Mann,	eine angesehene Frau,
Herr Abraham,	Frau Hanna,
Sohn des Benjamin. Ha-Cohen.	Tochter des Samuel.
Er starb am 24. Tewet	Sie starb am 7. des 1. Adar

665 nach der kl. Zählung

Ihre Seelen seien eingebunden in das Bündel des Lebens.

Anmerkung :
Der 24. Tewet 665 war Sonntag, der 1. Januar 1905, der 7. des ersten Adar 665 war Sonntag, der 12. Februar 1905.

Zur Person: Johanna Wolf war Tochter des Samuel Isaacson und der Wilhelmine Meier
(s. Übersicht Familie Isaacson). Von zwei Geschwistern stehen Steine auf dem Friedhof: Adelheid Isaacson (unverheiratet) (Stein A 11) und David Samuel Isaacson (nebenstehender Stein A 54).
Das Ehepaar Wolf hatte vier Kinder: Rosa (1863 – 1935), Albert (hebr. Name wie der des Vaters: *Abraham, Sohn des Benjamin*) (1876 – 1929) (gemeinsamer Stein F 5), Hugo (unverheiratet) (geb. 1866 – wohnte Neustr. 45 – gest. in Auschwitz); David (geb. 1869 –1930), verh. mit Emilie Heymann. David und Sybille Wolf hatten Zwillinge: Hanna und Sybilla (Billa), geb. 3.7.1912. Die Ehefrau und beide Kinder wurden 1943 in Sobibor ermordet.

A 54

Regina Isaacson	David Samuel
geb. Wallach	Isaacson
gest. 19. Nov 1905	gest. 19. März 1905

Der Stein steht falsch. Er hat eine hebräische Inschrift auf der Rückseite, die eigentlich nach vorn zeigen müsste. Aufzeichnungen von 1983 geben noch die ganze hebräische Inschrift wieder, die auf einer schwarzen Glasplatte aufgetragen ist. Heute ist die hebräische Inschrift stark beschädigt. Nur die ersten beiden Zeilen sind noch zu lesen.

פ״ט
הבעל ואשתו פה בקבר נתאחדו
תנאהבים והנעימים בחייהם
ובמותם לא נפרדו

רייצא בת מרדכי	דוד בר שמואל
מתה והלכה לעולמה	מת והלך לעולמו
ביום א' כ״א מרחשון	ביום א' י״ב אדר שני
ונקברה ביום ד' כ״ד בו	ונקבר ביום ז' ט״ו בו
תרס״ו לפ״ק	תרס״ה לפ״ק

תנצב״ה

Übersetzung :   Hier sind verborgen
der Ehemann und seine Frau, hier im Grab vereint,
die Geliebten und Wohlgefälligen, in ihrem Leben
und in ihrem Tod trennten sie sich nicht. (nach 2. Sam 1, 23)

Reize, die Tochter des Mordechai.	David, Sohn des Schemuel.
Sie starb und ging in ihre Welt	Er starb und ging in seine Welt
am Tag 1 (Sonntag), den 21. Marcheschwan	am Tag 1 (Sonntag), den 12. des
und wurde begraben am Tag 4 (Mittwoch),	2. Adar, und wurde begraben am
den 24. in ihm	Tag 4 (Mittwoch), den 15. in ihm
666 nach der kl. Zählung	665 nach der kl. Zählung

Anmerkung: Der 21. Marcheschwan 666 war Sonntag, der 19. November 1905 und der 12. des 2. Adar 665 war Sonntag, der 19. März 1905.
Zur Person: David Isaacson war Sohn des Samuel Isaacson und der Wilhelmine Meier. (S. Übersicht Familie Isaacson). Die Steine von zwei Schwestern und einem Bruder stehen ebenfalls in dieser Reihe. (s. zu Stein A 53). Das Ehepaar Isaacson hatte zwei Söhne: Julius und Leo. Beide emigrierten.

A 55

פ״נ

איש שלום שלח מארץ והשמים

לשבת בחלקו בארץ התחיה

החבר רבי דוד בר יהודה

מת והלך לעולמו

ביום ב׳ כ״ה כסלו

ונקבר ביום ה׳ כ״ה בו

תרנ״ד לפ״ק

תנצב״ה

David Harff

geb. Jan. 1816

Übersetzung der hebräischen Inschrift:

Hier ist begraben
ein Mann des Friedens, gesandt von der Erde zum Himmel,
um auf seinem Erbteil zu sitzen im Lande der Auferstehung,
der toragelehrte Herr David, Sohn des Jehuda.
Er starb und ging in seine Welt
am Tag 2 (Montag), den 25. Kislew,
und wurde begraben am Tag 5 (Donnerstag), den 28. in ihm
654 nach der kleinen Zählung.
Seine Seele sei eingebunden in das Bündel des Lebens.

Anmerkung: Der 25. Kislew 654 war Montag, der 4. Dezember 1893.
Die deutsche Inschrift ist nicht vollständig, da der Grabstein eingesunken ist. Es fehlt das Sterbedatum.

Zur Person:
David Harff, „Sohn des Jehuda" war Sohn von Jehuda Harff (1791 – 1876) (Stein D 6) und der Malke Harff (1791 – 1871) (Stein E 6). Er war verheiratet mit Berta, geb. Moy (1844 –1914). Ihr Stein steht ebenfalls auf dem Friedhof, Stein B 9.

A 56

פ " נ
עד הגל הזה ועדה המצבה

איש צדיק וישר בנדיבים
הלך תמיד דרך טובים
דבק נפשו באלהים חיים
.....................הטובים
כ"ה נפתלי בר...........
...........ביום עש"ק
ונקבר ביום א' כ"ח מרחשון
תרט"ו לפ"ק

תנצב"ה

Übersetzung der hebräischen Inschrift:

Hier ist begraben
„Zeuge ist dieser Steinhaufen, ein Zeuge dieses Mal." (Zitat aus Genesis 31,52)

Ein gerechter und aufrechter Mann unter den Edlen,
der immer den Weg der Guten ging.
Seine Seele hing an dem lebendigen Gott.
....   das Gute
der verehrte Naphtali, Sohn des ....
(Er starb) .... am Vorabend des Hl. Sabbat (Freitag)
und wurde begraben am Tag 1 (Sonntag), den 28. Marcheschwan
615 nach der kl. Zählung.
Seine Seele sei eingebunden in das Bündel des Lebens.

Anmerkung: Die Inschrift ist durch die starke Verwitterung zum Teil nicht mehr lesbar. In der 3. bis 5. Zeile wurde der Bestand aus Aufzeichnungen von 1983 übernommen.
Der 28. Marcheschwan 615 war Freitag, der 17. November 1854.
Zur Person: Der Vatername des Naphtali ist nicht mehr lesbar. Vom Vornamen und von den Lebensdaten könnte es sich um den Ehemann der Sib. Jacob (1803 – 1880)(Stein A 48) handeln. Deren Söhne werden jeweils als *„Sohn des Naphtali"* bezeichnet (Steine A 13; B 10 und C 11).

A 57

פ״נ

ברענדיל בת רפאל
מתה ה׳ חשון תרע״א

ה׳ ב׳ צ׳ נ׳ ת

Berta Fuldauer

21.3.1910   17.11.1910

Übersetzung der hebräischen Inschrift:

Hier ist begraben
Brendel, Tochter des Rafael.
Sie starb am 5. Cheschwan 671.
Ihre Seele sei eingebunden in das Bündel des Lebens.

Anmerkung:
Die Datumsangabe ist in sich nicht stimmig. Möglicherweise liegt ein Steinmetzfehler vor.
Der 5. Cheschwan 671 war Montag, der 7. November 1910.
Der 17. November 1910 war Donnerstag, der 15. Cheschwan 671.

Zur Person:
Berta Fuldauer (*Tochter des Raphael*) starb mit acht Monaten. Sie war Tochter der Eheleute Salomon (*Sohn des Raphael*) (1859 - 1929) und der Lisette Fuldauer (1859 – 1935) (gemeinsamer Stein F 2). Näheres siehe dort.

A 58

פיגלכא בת יהודה הכהן

מת ביום ג' י"ח שבט ונקברה

ביום ה' כ' בו תרנ"ה לפ"ק

תנצב"ה

Sophie Cohn

geboren 20. November 1880,

gestorben 12 . Februar 1895.

Übersetzung der hebräischen Inschrift:

Feigle, Tochter des Jehuda Ha-Kohen.
Sie starb am 3. Tag (Dienstag), den 18. Shewat, und wurde begraben
am Tag 5 (Donnerstag), den 20. in ihm, 655 nach der kl. Zählung.
Ihre Seele sei eingebunden in das Bündel des Lebens.

Anmerkung:
Der 18. Schewat war Dienstag, der 12. Februar 1895.

Zur Person:
Sophie Cohn wurde nur 14 Jahre alt. Zu welcher Familie Cohn sie gehörte ist nicht zu bestimmen.

A59 / 60

Diese beiden Steine bilden den Abschluss der Reihe der Steine von dem alten Friedhof.
Bei dem linken Stein (A 59) handelt es sich deutlich um einen Sockel eines Grabsteins.

Auf einem Foto von 1984 ist erkennbar, dass der Stein A 60 noch eine Platte mit einer Inschrift trägt. Sie ist inzwischen verloren gegangen.
Nach der Dokumentation des Steinheim Instituts lautete die Inschrift (wobei die letzte Zeile unsicher ist):

> Hier ruht
> Carol. Salmon
> geb. 18. Dec. 1802
> gest. 20. Apr. 1888

Zur Person:
Carol. Salmon könnte eine unverheiratete Schwester von Uri Salmon gewesen sein.
Vgl. auch die Übersicht „Familie Salmon", S 49.

B 1

פ " נ
איש תם וישר
הלך תמים ופעל צדק
ירא אלהים כל ימיו
צדקות עשה בישראל
ה"ה ראש העדה
פרנס ומנהיג
היקר החבד ר' משה
בר אברהם יצחק
נולד ביום כ"ד שבט ת"ר
ספ לש ׂז םויב תמח
ׂב םויב רבקנ
כ"ד ניסן תרע"ז לפ"ק
תנצב"ה

Deutsche Inschrift auf der Rückseite: Hier ruht M S Moses (Moses Seligmann) gest. 13. April 1917.	**Übersetzung der hebräischen Inschrift:** Hier ist begraben ein rechtschaffener und aufrechter Mann. Er lebte redlich und handelte gerecht, gottesfürchtig war er sein ganzes Leben. er übte Gerechtigkeit in Israel. Das ist das Haupt der Gemeinde, der Vorsteher und Leiter, der teure toragelehrte Herr Mose, Sohn des Abraham Jizchak. Er wurde geboren am 24. Shewat 600. Er starb am 7. Tage von Pessach und wurde begraben am Tag 2 (Montag), den 24. Nissan 677 (1917) nach der kl. Zählung. Seine Seele sei eingebunden in das Bündel des Lebens.

Zur Person: Moses Moses (geb. 29. Januar 1840) war Teilnehmer des Krieges 1870/71 Von ihm wird berichtet, dass er am Jom Kippur (dem Großen Versöhnungstag) nicht nur fastete, als einziger stand er von morgens bis abends in der Synagoge. Er bewahrte im Hinterhaus eine Sucka auf, die er jeweils zum Laubhüttenfest benutzte. Der Grabstein seiner Ehefrau, Therese, geb. Windmüller, steht nebenan (Stein B 2). Sie hatten sechs Kinder : Sally (1879 – 1927) (**Stein E 5**) ; Jeanette (geb. 1882, verh. nicht in Dinslaken); Emma (1883-1975) emigriert, New York; Henny (1885 – 1940) (emigriert, Uruguay); Philipp (1886 – 1942) umgebracht in Lodz; Leo (1888 –1939) emigriert nach La Paz.

B 2

Deutsche Inschrift auf der Rückseite:
Frau M. S. Moses
Therese geb. Windmüller
geb. 14. April 1846,
gest. 16. Jan. 1907.

Hebräische Vorderseite:	Übersetzung der hebräischen Inschrift:
פ״נ	Hier ist begraben
אשה חשובה	eine ehrenwerte Frau,
מרת טייבכא בת מאיר הלוי	Frau Täubche, Tochter des Meir Halevi.
מתה ביום ה׳ ב׳ שבט	Sie starb am Tag 5 (Donnerstag), den 2. Shewat
ונקברה ביום ה׳ א׳ בו	und wurde begraben am Tag 1 (Sonntag), den 5. in ihm
תרס״ז לפ״ק	667 nach der kleinen Zählung.
תנצב״ה	Ihre Seele sei eingebunden in das Bündel des Lebens.

Anmerkung: Der 2. Shewat war Donnerstag, der 17. Januar 1907.

Zur Person:
Therese Moses, geb. Windmüller war verheiratet mit Mose Seligmann Moses (nebenstehender Stein B 1). Näheres zur Familie dort und in der Übersicht „Familie Seligmann Moses", S. 48.

B 3

Einer der „stummen" Steine. Die Marmorplatte, die mit vier Schrauben befestigt war, ist abgefallen und verloren. Da es keine Belegungspläne gibt, ist nicht mehr auszumachen, wer hier begraben liegt.

B 4

פ״נ
חנה בת יצחק
מתה והלכה לעלמה
ביום ה׳ ו׳ ניסן
ונקברה ביום ט׳ ניסן תרס״ז לפ״ק
ת׳נ׳צ׳ב׳ה׳

Johanna Bernhard
geb. 22. Juni 1902
gest. 21. März 1907

Übersetzung der hebräischen Inschrift:

Hier ist begraben
Hannah, Tochter des Jizchak.
Sie starb und ging in ihre Welt
am Tag 5 (Donnerstag), den 6. Nissan,
und wurde begraben am 9. Nissan 667 nach der kleinen Zählung.
Ihre Seele sei eingebunden in das Bündel des Lebens.

Anmerkung: Der 6. Nissan 667 war Donnerstag, der 21. März 1907.

Zur Person:
Johanna Bernhard starb mit fünf Jahren. Sie war die Tochter von Julius Bernhard (1859 – 1934) (Stein H 7) und Klara, geb. Lifmann (1863- 1919) (Stein C 3).

B 5

פ " נ

האשה היקרה והצדקת

מרת פרדכא בת מנחם

מתה ביום כ"ו אדר א'

ונקברה ביום כ"ח אדר א'

שנת תרע"ו לפ" ק

תנצב"ה

Friederike Elkan

geb. 19.11.1842

gest. 1.3.1916

Symbol: Davidstern

Übersetzung der deutschen Inschrift:

Hier ist begraben
eine teure und gerechte Frau,
Frau Fradche, Tochter des Menachem.
Sie starb am 26. des 1. Adar
und wurde begraben am 28. des 1. Adar
des Jahres 676 nach der kleinen Zählung.
Ihre Seele sei eingebunden in das Bündel des Lebens.

Anmerkung:
Der 26. des 1. Adar 676 war Mittwoch, der 1. März 1916.

Zur Person:
Friederike Elkan war verheiratet mit Josef Elkan (1832 – 1915) (nebenstehender Stein B 6).

B 6

פ " נ

איש תם וישר

חנה בר יהודה

מת ביום ז' אב

ונקבר ט' אב

שנת תרע"ה לפ"ק

ת ׄ נ ׄ צ ׄ ב ׄ ה ׄ

Josef Elkan

geb. 24.1.1832

gest. 18.7.1915

Symbol: Davidstern

Übersetzung der hebräischen Inschrift:

Hier ist begraben
ein rechtschaffener und aufrechter Mann,
Chone, Sohn des Jehuda.
Er starb am 7. Aw
und wurde begraben am 9. Aw
im Jahre 675 nach der kleinen Zählung
Seine Seele sei eingebunden in das Bündel des Lebens.

Anmerkung: Der 9. Aw (Trauer- und Fasttag zum Gedenken an die Zerstörung der beiden Tempel in Jerusalem) 675 war Sonntag, der 18. Juli 1915.

Zur Person: Der Stein hat dasselbe Aussehen wie der Nachbarstein (B 5). Es handelt sich bei den hier Begrabenen um das Ehepaar Elkan.
Vgl. auch die Übersicht zu „Familie Elkan/ Leeser", S. 41.

B 7

פ " נ

איש צדיק וישר

ירא אלהים

עושה צדקות בכל עת

אליעזר בר חיים כהן

מת כ"ג ניסן תרע"ה

ת נ צ ב ה

Leeser Cohen

geb. 21. April 1839
gest. 7. April 1915.

Symbol: Davidstern

Übersetzung der hebräischen Inschrift:

Hier ist begraben
ein gerechter und rechtschaffener Mann.
Er fürchtete Gott
und tat Gerechtigkeit alle Zeit,
Elieser, Sohn des Chajim Cohen.
Er starb am 23. Nissan 675.
Seine Seele sei eingebunden in das Bündel des Lebens.

Anmerkung: Der 23. Nissan 675 war Mittwoch, der 7. April 1915.

Zur Person:
Leeser Cohen war verheiratet mit Henriette, geb. Salmon (Stein A 42).
Sie hatten eine Tochter, Sabine Cohen (1877 –1919). Sie war nicht verheiratet (Stein C 7).
Leeser Cohen hatte sechs Geschwister. S. die Übersicht „Familie Cohen".
Der Bruder Leopold (1849 – 1919) und dessen Frau sind ebenfalls auf dem Friedhof beerdigt
(Steine G 8 und C 8).

B 8

Ein Stein, dessen Platte mit Inschrift verloren gegangen ist. Es ist nicht mehr zu ermitteln, wer hier bestattet ist.

B 9

פ"נ
האשה מרת בלומכן
בת ר' יהודה מתה יום
ג' כ"ו אדר תרע"ד לפ"ק
ת נ צ ב ה

Frau Bertha Harff

geb. Moy,

geb. 23. März 1844 in Vreden,
gest. 24. März 1914 in Dinslaken.

Übersetzung der hebräischen Inschrift:

Hier ist begraben
die Frau, Frau Blümchen,
Tochter des Herrn Jehuda. Sie starb am
Tag 3 (Dienstag), den 26. Adar 674 nach der kleinen Zählung.
Ihre Seele sei eingebunden in das Bündel des Lebens.

Anmerkung: Der 26. Adar 674 war Dienstag, der 24. März 1914.

Zur Person:
Bertha Harff war die Ehefrau des David Harff (1816 – 1894) (Stein A 55).

B 10

פ "נ
איש תמים פעל צדק
יצחק
בר נפתלי הכהן
מת והלך לעלמה
ביום ג' כ"ה שבט
ונקבר ביום
ערב שבת ק' כ"ח בו
תרע"ב לפ"ק
תנצב"ה

Selig Jacob

geb. 25. April 1835,
gest. 13. Febr. 1912.

Übersetzung der hebräischen Inschrift:
Hier ist begraben
ein rechtschaffener Mann, der gerecht handelte,
Jis-chak, Sohn des Naphtali Ha-Cohen.
Er starb und ging in die Ewigkeit
am Tag 3 (Dienstag), den 25. Shewat,
und wurde begraben am Vorabend des Hl. Sabbat (Freitag), den 28. in ihm,
672 nach der kleinen Zählung.
Seine Seele sei eingebunden in das Bündel des Lebens.

Anmerkung: Der 25. Shewat 672 war Dienstag, der 13. Februar 1912.

Zur Person: Die Familie Jacob waren Viehhändler und wohnten in der Brückstr. 1.
Selig Jacob war Sohn der Sib. Jacob, geb. Herz (Stein A 48). Er war verheiratet mit Jeanette, geb. Marchand (1842 – 1931) (Stein F 10).
Der Sohn Julius Jacob war Kriegsteilnehmer im 1. Weltkrieg und Träger des EK I. Er war im Schützenverein. Sein Haus wurde am 10.11.1938 zerstört. Er und seine Frau Frieda geb. Coppel, und die Tochter Elisabeth wurden deportiert und am 10.12.1941 in Auschwitz umgebracht. Die Enkelkinder Fritz Jacob und Trude, verh. Goldschmidt, emigrierten nach Uruguay, Montevideo. Vgl. auch die Übersicht Familie „Naphtali Jacob", S. 45.

B 11

(פ " נ)

האיש הישר ונאמן לבב

שמעון בר מאיר הלוי

מת והלך לעלמה

ביום ד' ח' אב ונקבר ביום

ערב שבת קודש י' בו

תרע"א לפ"ק

תנצב"ה

Simon Jacobs

geb. Mai 1836,
gest. 2. Aug. 1911.

Übersetzung der hebräischen Inschrift:

Hier ist begraben
der redliche und herzenstreue Mann,
Simon, Sohn des Me-ir Ha-Levi.
Er starb und ging in die Ewigkeit
am Tage 4 (Mittwoch), den 8. Aw, und wurde begraben
am Vorabend des Hl. Sabbat (Freitag), den 10. in ihm,
671 nach der kleinen Zählung.
Seine Seele sei eingebunden in das Bündel des Lebens.

Anmerkung: Der 8. Aw 671 war Mittwoch, der 2. August 1911.

B 12

פ״נ
האשה
החשובה והישרה
יאכט בת אורי
מתה והלכה
לעלמה ביום ה׳ ד׳ שבט
ונקברה ביום א׳ ז׳ בו
תרע״א לפ״ק
ת׳ נ׳ צ׳ ב׳ ה

Frau Levy Elkan

Henriette geb. Leeser

geb. 7. Dez. 1851,
gest. 1. Febr. 1911.

Übersetzung der hebräischen Inschrift:

Hier ist begraben
eine geschätzte und rechtschaffene Frau,
Jachet, Tochter des Uri.
Sie starb und ging
in die Ewigkeit am Tage 5 (Donnerstag), den 4. Schwat,
und wurde begraben am Tag 1 (Sonntag), dem 7. in ihm,
671 nach der kleinen Zählung.
Ihre Seele sei eingebunden in das Bündel des Lebens.

Anmerkung: Der 4. Schwat 671 war Donnerstag, der 2. Februar 1911.

Zur Person:
Henriette Elkan, geb. Leeser war verheiratet mit Levy Elkan (Stein nicht vorhanden).
Ihre Schwester Emma Leeser (Stein G 2) war verheiratet mit dem Bruder ihres Ehemannes Leeser Elkan (in Rheine beerdigt). Ihr Sohn Otto (geb. 1896) war verheiratet mit Mariele Bergheimer. Beide emigrierten mit Ihren Töchtern Antje und Gudrun in die USA.

B 13

Die Platte des Steins mit der Inschrift ist verloren gegangen.
Wie aus der Dokumentation des Steinheim Instituts hervorgeht, war sie 1983 noch vorhanden.
Schon damals war der hebräische Text nicht mehr zu lesen. Er bestand aus acht Zeilen.
Der deutsche Text bestand aus drei Zeilen:

Liffmann [......................].
geb. 1812   gest. 19. Jan. 1895
[.................]   Recht und Gerechtigkeit

Anmerkung:
Von den Lebensdaten und dem Vornamen her wird es sich um den Stein des **Liefmann Lifmann** handeln.

Zur Person:
Liefmann Lifmann war Sohn des Naphtali Lifmann und der Sara, geb. Wallach. Die Steine von zwei Brüdern stehen auf dem Friedhof: Jacob (Stein E 9) und Benjamin (Stein C 2). Der Name der Ehefrau ist unbekannt.
Sie hatten zwei Söhne: **Hermann,** Viehhändler, Neustr. 57 (1870 – 1933) (Stein G 4) verheiratet mit Henriette Moses (geb. 1885, nach Montevideo emigriert, dort gestorben 1940)
und **Hugo**, Neustr. 62, verheiratet mit Sofie, geb. Stern. Beide wurden in Auschwitz ermordet.

C 1

פ"נ

איש עניו בכל עניניו

צדיק בכל דרכיו

השכים והעריב לתורה ולתפלה

ה"ה ראש העדה פרנס

מרדכי ב"ר משה נפטר

ביום ב' תמוז תרפ"ב

ת נ צ ב" ה

Markus Moses

geb. 19.8.1850   gest. 29.6.1922

Übersetzung der hebräischen Inschrift:

Hier ist begraben
ein Mann, der demütig war in allen seinen Taten,
gerecht auf allen seinen Wegen.
Früh und spät hielt er sich zur Tora und zum Gebet.
Das ist das Haupt der Gemeinde, der Vorsteher
Mordechai, Sohn des Herrn Mose. Er starb
am 2. Tammus 682.
Seine Seele sei eingebunden in das Bündel des Lebens.

Anmerkung: Das Datum ist in sich nicht stimmig. Der 2. Tammus 682 war Mittwoch, der 28. Juni 1922.

Zur Person:
Markus Moses war Sohn des Mose Moses und der Sara geb. Bender (Steine A 36 und A 37). Vgl. auch die Übersicht „Familie Seligmann Moses", S. 48.

C 2

פ״נ
ברוך בר נפתלי
נולד ביום עש״ק כ״ב אלול
תקפ״ז לפ״ק
נפטר ביום ה' כ״ח סיון
ונקבר ביום א' ב' דר״ח תמוז
תרמ״ט לפ״ק
משען היית לבני משפחתך
גם בימי אשרך לא רם לבך
איך זה פתאום עזבת אהביך
לשכון לעולם בארץ התחיה
ת נ צ ב ״ה

Benjamin Lifmann

geb. 14.Sep 1827   gest. 27. Juni 1889

Eine Blüte für deine Verwandten,
warst du im Glücke nicht übermütig.
wie plötzlich verliessest Du deine Bekannten,
Dort zu wohnen in der dauernden Ewigkeit.

Übersetzung der hebräischen Inschrift:
Hier ist begraben
Baruch, der Sohn des Naphtali.
Er wurde geboren am Vorabend des heiligen Sabbat (Freitag), den 22. Elul
587 (1827) nach der kleinen Zählung
Er starb am Tag 5 (Donnerstag), den 28. Siwan
und wurde begraben am Tag 1 (Sonntag) dem 2. Tag des Neumondes Tammus
649 nach der kleinen Zählung (1889).
Eine Stütze warst du für deine Verwandten,
auch warst du nicht hochmütig in den Tagen des Glücks.
Wie hast du so plötzlich deine Freunde verlassen,
zu wohnen auf ewig im Lande der Auferstehung.
Seine Seele sei eingebunden in das Bündel des Lebens.

Zur Person:
Benjamin Lifmann war Sohn des Naphtali Lifmann und der Sara geb. Wallach (geb. 1782). Seine beiden Brüder waren Liefmann Lifmann (1812 – 1895) (Stein B 13) und Jacob Lifmann (1819 – 1904) (Stein E 9). Sie sind ebenfalls auf dem Friedhof beerdigt. Über die Schwester Sara (geb. 1808), verh. Hertz ist nichts weiteres bekannt.
Benjamin Lifmann war verheiratet mit Emilie, geb. Lifmann (1848 – 1926) (Stein D 2).

C 3

פ״נ

אשת חיל

תפארת בעלה ובניה

גמלה טוב כל ימיה

מרת גלא בת אברהם

מת׳ ל׳ אב תרע״ט לפ״ק

תנצב״ה

Hier ruht

Frau Klara Bernhard

geb. Lifmann

geb. 19. Juli 1863,

gest. 26. August 1919.

Symbol: Davidstern

Übersetzung der hebräischen Inschrift:
Hier ist begraben
eine tüchtige Frau,
die Zierde ihres Ehemannes und ihrer Kinder.
Gutes tat sie ihr Leben lang,
Frau Gela, Tochter des Abraham.
Sie starb am 30. Aw 679 nach der kleinen Zählung.
Ihre Seele sei eingebunden in das Bündel des Lebens.

Anmerkung : Der 30. Aw 679 war Dienstag, der 26. August 1919.

Zur Person: Klara Bernhard, geb. Lifmann war Tochter des Abraham Lifmann.
Sie war verheiratet mit dem Kaufmann und Ratsherrn Julius Bernhard (1859 – 1934)
(Stein H 7).
Sie wohnten in der Neustr. 70 und hatten dort ein Konfektionsgeschäft. Ihr Haus ist erhalten.
Sie hatten vier Kinder:
Siegfried (geb. 1896 – gest.1944 in Auschwitz), verh. mit Anna Cohen (geb. 1892 – gest. 1944 in Auschwitz); **Alfred** (geb. 1898 – emigriert nach Südafrika); **Carl** (geb. 1900 - emigriert nach Südafrika); **Johanna** (1902 –1907) (Stein B 4).

C 4

פ " נ
איש צדיק וישר בנדיבים
הלך תמיד דרך טובים
דבק נפשו באלהים חיים
וכל מעשיו היו לשם שמים
ה"ה החבר ר' בצלאל
בר החבר ר' חיים צבי
מת ביום ר"ח אב תרע"ט לפ"ק
ת נ צ ב ה

Hier ruht
Zallel Haber
gest. 28.7.1919.

Symbol: Davidstern

Übersetzung der hebräischen Inschrift:

Hier ist begraben
ein gerechter und aufrechter Mann unter der Edlen.
Er ging beständig den Weg des Guten.
Seine Seele hing an dem lebendigen Gott
und alle seine Taten geschahen um des Himmels willen.
Das ist der toragelehrte Herr Bezalel,
Sohn des toragelehrten Herrn Chajim Zwi.
Er starb am Neumond des Aw 679 nach der kleinen Zählung.
Seine Seele sei eingebunden in das Bündel des Lebens.

Anmerkung: Der Neumond des Aw 679 war am Montag, den 28. Juli 1919.
„Chawer" ist ein Titel für einen jüdisch gebildeten und geachteten Mann, der eine Talmudschule besucht hat. Der Titel wurde als bürgerlicher Name „Haber" übernommen. Aus dem hebräischen Vornamen „Bezalel" wurde „Zallel".

Zur Person: Zallel Haber war verheiratet mit Chaye Haber (1864 – 1931) (Stein F 8).

C 5

פ " נ

אשה היקרה מרת

רבקה בת יעקב

מת' כ"ו סיון תרע"ט

תנצב"ה

Frau Rosa Simons
geb. 21.6.1882, gest. 24.6.1919.

Symbol: Davidstern

Übersetzung der hebräischen Inschrift:

Hier ist begraben
eine teure Frau, Frau
Rebekka, Tochter des Jaakow.
Sie starb am 26. Sivan 679.
Ihre Seele sei eingebunden in das Bündel des Lebens.

Anmerkung: Der 26. Sivan 679 war Dienstag, der 24. Juni 1919.

Zur Person:
Die Familie Simons wohnte nur kurze Zeit in Dinslaken. Ein Kind mit Namen „Erwin" starb 1918 mit nur wenigen Monaten (s. Stein F 3).

C 6

פ"נ

אשת חיל

עטרת בעלה ובניה

הלכה בדרך תמימה

מרת ראשכען בת יצחק

מת כ"ז ניסן תרע"ט לפ"ק

ת'נ'צ'ב'ה'

Hier ruht

Frau Regine Spiegel

geb. Aron

geb. 16. April 1857,

gest. 27. " 1919.

Symbol: Davidstern
Übersetzung der hebräischen Inschrift:
Hier ist begraben
eine tüchtige Frau,
Zierde ihres Mannes und ihrer Kinder,
die den Weg der Rechtschaffenheit ging,
Frau Röschen, Tochter des Jis-chak.
Sie starb am 27. Nissan 679 nach der kleinen Zählung.
Ihre Seele sei eingebunden in das Bündel des Lebens.

Anmerkung: Der 27. Nissan 679 war Sonntag, der 27. April 1919.

Zur Person: Regine Spiegel, geb. Aron, war verheiratet mit Louis Spiegel (1867 – 1940). Sie wohnten Bismarckstr. 61 und hatten drei Kinder.
Moses (geb. 1881 – Kaufmann) verh. mit Paula, geb. Stern, beide gestorben 1943 in Sobibor, ebenso der Sohn Alfred (geb. 1931) in Sobibor umgebracht. Nur die Tochter Ruth überlebte.
Abraham (geb. 1890 – wohnte Walsumer Str. 7 – verh. mit Martha , geb. Wolf (geb. 1899 - gest. 1983), emigriert nach Chile mit der Tochter Regina – Margot (geb. 1926 – gest. 1984). Die Tochter Alice , geb. 1928, starb als Kind während der Flucht 1940 in den Niederlanden.
Siegmund (geb. 1893 –gest. 1933) (Stein G 3 auf dem Dinslakener Friedhof), verheiratet mit Elise, geb. Berghausen (geb. 1904) . Sie hatten zwei Kinder: Fred (Fritz) Spiegel , geb. 1932, und Nanny-Edith (geb. 1928). Elise Spiegel emigrierte mit beiden Kindern nach Chile. Der Sohn Fred lebt heute in den USA.

C 7

פ " נ

הבתולה היקרה מרת

פיגלא בת אליעזר כ"ץ

מתה כ"ג שבט תרע"ט לפ"ק

תנצב"ה

Sabine Cohen

geb. 29.1.1877
gest. 24.1.1919

Symbol: Davidstern

Übersetzung der hebräischen Inschrift:

Hier ist begraben
das teure Fräulein (unverheiratete Frau), Frau
Feigle, Tochter des Elieser Kaz.
Sie starb am 23. Schwat 679 nach der kl. Zählung.
Ihre Seele sei eingebunden in das Bündel des Lebens.

Anmerkung: Der 23. Schwat 679 war Freitag, der 24. Januar 1919.

Zur Person:
Sabine Cohen war die Tochter des Leeser Cohen (1839 – 1915) (Stein B 7) und der Henriette, geb. Salmon (1847 –1897) (Stein A 42). Sie war nicht verheiratet.

C 8

פ״נ

אשת חיל תפארת בעלה ובניה

לעני ולאביון פרשה כפיה

גמלה חסד ואמת כל ימיה

ה״ה מרת ריסכה בת אברהם

נפטרה י״ב שבט תרע״ט לפ״ק

תנצב״ה

Hier ruht
Frau Rosalie Cohen
geb. Lifmann
gest. 12. Januar 1919

Symbol: Davidstern

Übersetzung der hebräischen Inschrift:

Hier ruht eine tüchtige Frau, Zierde ihres Mannes und ihrer Kinder.
Den Armen und Bedürftigen öffnete sie ihre Hände.
Sie tat Güte und Treue ihr ganzes Leben.
Das ist Frau Ris-cha, Tochter des Abraham.
Sie starb am 12. Schwat 679 nach der kl. Zählung.
Ihre Seele sei eingebunden in das Bündel des Lebens.

Anmerkung: Der 12. Schwat 679 war Montag, der 13. Januar 1919.

Zur Person:
Rosalie Cohen, geb. Lifmann, war Tochter des Abraham Lifmann. Sie war verheiratet mit Leopold Cohen (1849 – 1931) (Stein G 8) und Schwester von Emilie Lifmann, geb. Lifmann (1848-1926) (Stein D 2) und Clara Cohen, geb. Lifmann (1863-1919) (Stein C 3).
Sie hatte sieben Kinder: Johanna (1882 – 1974); Meta (1883- 1968); Sophie (mit 8 Jahren gestorben); Selma (1884 – 1959); Hugo (1886 - 1954, war stellvertretender Bürgermeister); Clara (1889-1906) (Stein A 44); Artur (1888-1938) (Stein I 5).
Vgl. auch die Übersicht „Familien Lifmann", S. 46.

C 9

פ״נ
איש תם וישר
הלך תמים ופעל צדק
ירא אלהים כל ימיו
צדיק באמונתו חיה
עושה צדקות בכל עת
ה״ה החה״ר יעקב בר דוד
מת ביום ש״ק י׳ שבט
ונקבר י״א שבט תרע״ט לפ״ק
תנצב״ה

Jakob Stromwasser

geb. 16.6.1870
gest.11.1.1919

Symbol: Davidstern

Übersetzung der hebräischen Inschrift:
Hier ist begraben
ein redlicher und aufrechter Mann,
der rechtschaffen ging und gerecht handelte.
Gottesfürchtig war er sein ganzes Leben.
Recht war er in seiner Zuverlässigkeit
und tat gerechte Taten alle Zeit.
Das ist der ehrenwerte Herr Jaakow, Sohn des David.
Er starb am Tage des Heiligen Sabbat, den 10. Schwat
und wurde begraben am 11. Schwat 679 nach der kl. Zählung.
Seine Seele sei eingebunden in das Bündel des Lebens.

Anmerkung: Der 10. Schwat 679 war Samstag, der 11. Januar 1919.

Zur Person:
Jakob Stromwasser war verheiratet mit Basie, geb. Landsmann (1868-1927) (Stein E 4).
Das Ehepaar Stromwasser wohnte nicht in Dinslaken. Die Beisetzung wurde durch den Vorstand der Synagogengemeinde genehmigt. (s. Eintragung im Protokollbuch, 6. Mai 1931)

C 10

פ״נ
ילד נחמד ונעים
שמו פסח העללמאן
לֹא היו ימיו
כי אם ז׳ שנים
ואיננו כי לקח
אותו אלקיה
ביום י״ד כסלו תרע״ז
ונקבר ביום עש״ק
תנצב״ה

Hier ruht

Bernh. Hellmann

geb. 24.2.1911   gest. 29.11.1917.

Symbol: Davidstern

Übersetzung der hebräischen Inschrift:

Hier ist begraben
ein anmutiges und geliebtes Kind,
sein Name Pessach Hellmann.
Seine Lebenstage betrugen nicht
einmal sieben Jahre,
und er war nicht mehr, denn es nahm
ihn Gott hinweg
am 14. Kislew 677
und er wurde begraben am Vorabend des Heiligen Sabbat (Freitag).
Seine Seele sei eingebunden in das Bündel des Lebens.

Anmerkung: Das zweite Wort in der 7. Zeile müsste heißen: אלהים (Steinmetzfehler)
Die Jahreszahl in der 8. Zeile müsste lauten: תרע״ח (Rechenfehler).
Donnerstag, der 29.11.1917 war der 14. Kislew 67<u>8.</u>
Zur Person: Bernhard Hellmann war der älteste Sohn von Rudolf Hellmann, dem Vorbeter (Kantor) der Synagogengemeinde. Er stammte ursprünglich nicht aus Dinslaken. Er unterhielt ein kleines Schokoladengeschäft in der Neustrasse. Der Kantor Hellmann und seine Familie emigrierten 1936 nach Israel. Er hatte drei weitere Kinder: Rosel, verh. Waller; Ernst und Heinz (Beamter in Jerusalem).

C 11

פ " נ
איש אמונים הולך תמים
מעשיו היו טובים
אליהו בר נפתלי הכהן
מת ביום י"ג אלול
ונקבר ביום ט"ז אלול
שנת תרע"ז לפ"ק
תנצב"ה

Elias Jacob

geb. 31.10.1829

gest. 31.8.1917

Symbol: Davidstern

Übersetzung der hebräischen Inschrift:

Hier ist begraben
ein wahrhaftiger Mann, der redlich gewandelt ist.
Seine Taten waren gut.
Elijahu, Sohn des Naphtali Ha-Kohen.
Er starb am 13. Elul
und wurde begraben am 16. Elul
im Jahre 677 nach der kl. Zählung.
Seine Seele sei eingebunden in das Bündel des Lebens.

Anmerkung: Der 16. Elul 677 war Freitag, der 31. August 1917.

Zur Person:
Elias Jacob war Sohn des Naphtali Jacob und der Sib., geb. Herz (Stein A 48). Er wohnte in der Brückstrasse. Vgl. auch die Übersicht „Familie Naphtali Jacob", S. 45.

D 1

פ " ט

אשה חשובה עטרת המשפחה

לכל מכיריה זכרונה היא לברכה

לתורה ולמצות הדריכה בניה

על כן בשערים יהללוה מעשיה

ה"ה מרת אסתר בת משה ראטהשילד

עלתה למרום ט"ז אדר תרפ"ו לפ"ק

Emma Rothschild

geb. Rothschild

geb. 28.8.1848,
gest. 2.3. 1926.

ת' נ' צ' ב' ה'

Übersetzung der hebräischen Inschrift:

Hier ist verborgen
eine angesehene Frau, die Krone ihrer Familie.
Allen ihren Bekannten ist ihr Andenken zum Segen.
Zur Tora und zu den Geboten führte sie ihre Kinder.
Deshalb loben sie ihre Taten in den Toren.
Das ist Frau Ester, Tochter des Mose Rothschild.
Sie stieg zur Höhe am 16. Adar 686 nach der kl. Zählung.
Ihre Seele sie eingebunden in das Bündel des Lebens.

Anmerkung: Der 16. Adar 686 ist Dienstag, der 2. März 1926.

D 2

פ " ט

אשת חיל היקרה והנכבדה

למעשים טובים נפשה חמדה

בדרך הישר הדריכה בניה

ה"ה מרת אסתר בת אברהם

עלתה למרום ביום ה' אדר תרפ"ו לפ"ק

Emilie Lifmann

geb. Lifmann

geb. 28.9. 1848
gest. 19.2.1926

ת' נ' צ' ב' ה'

Übersetzung der hebräischen Inschrift:

Hier ist verborgen
eine tüchtige Frau, teuer und geehrt.
Nach guten Taten strebte ihre Seele,
auf geradem Weg führte sie ihre Kinder.
Das ist: Frau Ester, Tochter des Abraham.
Sie stieg auf zur Höhe am 5. Adar 686 nach der kl. Zählung.
Ihre Seele sei eingebunden in das Bündel des Lebens.

Anmerkung: Der 5. Adar 686 war Freitag, der 19. Februar 1926.

Zur Person:
Emilie Lifmann, geb. Lifmann war Tochter des Abraham Lifmann, verheiratet mit Benjamin Lifmann (1827-1889) (Stein C 2). Durch ihre Heirat waren beide Familien Lifmann verwandt. Ihre Schwestern waren Rosette Cohen, geb. Lifmann (gest. 1919) (Stein C 8) und Klara Bernhard, geb. Lifmann (1863-1919) (Stein C 3).

D 3

פ"נ

ישי בר יהודה

Hier ruht

Jost Elkan

geb. 19.10.46

gest. 10. 12.25

Übersetzung der hebräischen Inschrift:

Hier ist begraben
Jischai, Sohn des Jehuda.

Zur Person:

Jost (Jonas) Elkan war verheiratet mit Jeanette, geb. Meier (1840 – 1924) (Stein D 8).
Die Steine des Bruders Josef Elkan (Stein B 6) und dessen Frau Friederike (Stein B 5) stehen ebenfalls auf dem Friedhof.
Auf beiden Steinen (Stein B 6 und Stein D 3) findet sich der Zusatz „Sohn des Jehuda".
Vgl. auch die Übersicht „Familie Elkan/ Leeser", S. 41.

D 4

Ein Stein, dessen Inschrift mit der Platte verloren gegangen ist.

D 5

פ " ט

האשה מרת רבקה

בת ישראל מרדכי הלוי

אשת יעקב שפירא מהמברן

נפטרת ביום ב׳ דר״ה

תרפ״ה לפ״ק

Regina Spiro

geb. Nürnberg

geb. zu Skennewice am 26.5.1891,

gest. zu Hamborn am 30.9.1924.

ת׳ נ׳ צ׳ ב׳ ה׳

Symbol: Davidstern

Übersetzung der hebräischen Inschrift:

Hier ist verborgen
die Frau, Frau Rebekka,
Tochter des Israel Mardochai Ha-Levi,
die Frau des Jaakow Spiro aus Hamborn.
Sie starb am 2. Neujahrstag
685 nach der kl. Zählung.
Ihre Seele sei eingebunden in das Bündel des Lebens.

Anmerkung: Der 2. Neujahrstag 685 war Dienstag, der 30. September 1924.

Zur Person:
Regina Spiro gehörte zu einer der Familien aus Hamborn, die sich zur Dinslakener Gemeinde hielten.

D 6

פ " נ
איש אשר הלך בדרכי התורה
וחשק בה בנפש חפצה,
יומם ולילה התענג במקורה
שמו הוא נזכר לברכה ולתהלה,
יהודה יהושע המכונה ליב הארף
בן של החבר ר' מרדכי שנולד לו
מאשתו שפרינצא בדילקען בחודש
תשרי תק"ב לפ"ק, ונפטר ביום ה' י"ב
טבת ונקבר ביום א' ט"ו בו
תרל"ז לפ"ק
תנצב"ה

Übersetzung der hebräischen Inschrift:
Hier ist begraben
ein Mann, der auf den Wegen der Tora ging,
und an ihr hing mit williger Seele.
Tag und Nacht hatte er Freude am Gebet.
An seinen Namen wird gedacht in Segen und Lobgesang.
Jehuda Jehoschua, genannt Löw Harff,
Sohn des toragelehrten (Chawer) Herrn Mardochai, welcher ihm geboren wurde
von seiner Frau Sprinze in Dülken im Monat
Tischri 552 nach der kleinen Zählung (1791).
Er starb am Tag 5 (Donnerstag), den 12. Tewet,
und wurde begraben am Tag 1 (Sonntag), den 17. in ihm,
637 nach der kleinen Zählung.
Seine Seele sei eingebunden in das Bündel des Lebens.

Anmerkung: „Chawer" ist Titel für einen jüdisch gebildeten Mann.
Der Stein aus dem Jahre 1877 stammt vom alten Friedhof und wurde 1927 hierher versetzt.
Der Monat Tischri 552 war September/ Oktober 1791.
Der 12. Tewet 637 war Donnerstag, der 28. Dezember 1876.

Zur Person: Jehuda (Levy) Harff war verheiratet mit Malke (Mine) Harff, geb. Doris Isaacsohn
(1791 – 1871) (Stein E 6). Ihre Steine haben das gleiche Aussehen. Sie wurden von dem alten Friedhof
hierher gebracht. Sie führten eine Metzgerei und hatten fünf Kinder: David (1816-1894) ; Josephine (geb.
1821); Isidor (geb. 1825); Adelheide (geb. 1827); Hermann (geb. 1832).
Der Stein des Sohnes David Harff (1816 – 1894) steht ebenfalls auf dem Friedhof (Stein A 55). Die
Familie lebte zwei Generationen in Dinslaken.

D 7

פ " נ

אורי בר יעקב הכהן

מת ביום י"ג אב תרפ"ד

תנצב"ה

Hier ruht

mein innigstgeliebter Mann

unser guter Vater

Emil Jacobÿ

geb. 2.4.1873   gest.13.8.1924.

Symbol: Davidstern

Übersetzung der hebräischen Inschrift:

Hier ist begraben
Uri, Sohn des Jaakow Ha-Kohen.
Er starb am 13. Aw 684.
Seine Seele sei eingebunden in das Bündel des Lebens.

Anmerkung: Der 13. Aw 684 war Mittwoch, der 13. August 1924.

D 8

פ"נ

ת נ צ ב"ה

Hier ruht

meine liebe Frau

Jeanette Elkan

geb. Meier

geb. 7.1.1840

gest. 8.8.1924

Symbol: Davidstern

Die hebräische Inschrift umfasst nur die Abkürzungen der Formeln:
„Hier ist begraben" und „Ihre Seele sei eingebunden in das Bündel des Lebens."

Zur Person:
Jeanette Elkan, geb. Meier war verheiratet mit Jost Elkan (1846 – 1925) (Stein D 3).
Vgl. auch die Übersicht „Familie Elkan/ Leeser", S. 41.

D 9

פ " נ

איש אמונים   ילד נחמד ונעים
מעשיו היו טובים   במעשיו התנכר
ה"ה שלמה בר צדוק   אריה בר שלמה
מת ביום כ"ט אלול   מת ביום כ"ג תמוז

שנת תרפ"ג לפ"ק

ת נ צ ב ה

Sigmund	Fritz

Davids

geb. 8.12.69	geb. 6.5.10
gest. 9.9.23.	gest. 7.7.23.

Symbol: Davidstern

Übersetzung der hebräischen Inschriften:

Hier sind begraben

ein Mann der Treue,	ein Kind, schön und lieblich,
seine Taten waren gut.	an seinen Taten erkannte man ihn,
Das ist Schelomo, Sohn des Zadok.	Arie, Sohn des Schelomo.
Er starb am 29. Elul	Er starb am 23. Tammus

des Jahres 683 nach der kleinen Zählung.
Ihre Seelen seien eingebunden in das Bündel des Lebens.

Anmerkung: Der 23. Tammus 683 war Samstag, der 7. Juli 1923.
                 Der 29. Elul 683 war Montag, der 10. September 1923.

Zur Person: Sigmund und Fritz Davids waren Großvater und Enkel. Die Familie Davids hatte ein Schuhgeschäft in der Neustrasse. Die Ehefrau Bertha Davids floh in die Niederlande. Der Sohn Rudi und seine Frau Lisa emigrierten nach Israel.

D 10

פ " נ

טעא עלקאן

מתה י"א סיון

שנת תרפ"ג לפ"ק

ת נ צ ב ה

Thea   Elkan

geb.8.7.1920   gest. 26.5.1923

Symbol: Davidstern

Übersetzung der hebräischen Inschrift:

Hier ist begraben
Thea Elkan.
Sie starb am 11. Sivan
des Jahres 683 nach der kl. Zählung.
Ihre Seele sei eingebunden in das Bündel des Lebens.

Anmerkung: Der 11. Sivan 683 war Samstag, der 26. Mai 1923.

Zur Person:
Thea Elkan starb als Kind mit drei Jahren.
Sie war eine Tochter von Louis, Julius Elkan (Stein H 3) oder Leonard Elkan.
Vgl. die Übersicht „Familie Elkan/ Leeser", S. 41.

E 1

פ " נ
איש החשוב הלך
תמיד בדרך הישר
ה"ה פנחס בר משה
מת כ"ט סיון תרפ"ו לפ"ק

Benno Moses

geb. 5.8.1845 gest. 11.6.1926

תנצב"ה

Symbol: Davidstern
Übersetzung der hebräischen Inschrift:

Hier ist begraben
der geachtete Mann, der
beständig auf dem Weg der Rechtschaffenheit ging.
Das ist: Pinchas, Sohn des Mose.
Er starb am 29. Sivan 686 nach der kl. Zählung

Anmerkung: Der Stein war für das Ehepaar Moses vorgesehen.
Der 29. Sivan 686 war Freitag, der 11. Juni 1926.

Zur Person: Benno Moses war Lohgerber und wohnte in der Duisburger Str. 6. Er war verheiratet mit Rosalie, geb. Sudheim (geb. 21.2.1858 in Essen). Sie ist woanders bestattet.
Die Söhne Max Moses (geb. 1.2.1880 in Dinslaken; wohnte Neustr.35; Lederwarenhändler) und Hugo Moses (geb. 22.11.1891 in Dinslaken; wohnte Neustr. 35 floh nach Venlo, NL) sowie die Enkel Benno und Johanna kamen in Auschwitz um.

E 2

פ " נ

יצחק בר אליעזר

הלך לעלמא ביום ערב

שבת ק' י"ז טבת ונקבר

ביום ב' כ' בו תרס"ב לפ"ק

תנצב"ה

Isaac Isaacson

geb. 23. Dez 1841,
gest. 26. Dez. 1901.

Übersetzung der hebräischen Inschrift:

Hier ist begraben
Jis-chak, Sohn des Elieser.
Er ging zur Ewigkeit am Vorabend des
Heiligen Sabbat (Freitag), den 17. Tewet, und wurde begraben
am Tag 2 (Montag), den 20. in ihm, 662 nach der kl. Zählung.
Seine Seele sei eingebunden in das Bündel des Lebens.

Anmerkung: Der 17. Tewet 662 war Samstag, der 27. Dezember 1901.

Zur Person:
Isaac Isaacson war Sohn des Elieser Isaacson. Der Stein seines Bruders David (Stein A 27).
Er war verheiratet mit Amalie, geb. Rosenheim (nebenstehender Stein E 3).
Sie hatten sieben Kinder. (s. Übersicht Familie „Elieser Isaacson")
Der Sohn Benno, (geb. 5.7.1882) besaß eine Viehhandlung. Er wurde von Essen aus nach Izbica deportiert und kam dort ums Leben.

E 3

פ״נ

אשה החשובה

לאה בת דוד

נפטרה י״ב אדר

תרפ״ז לפ״ק

תנצב״ה

Amalia Isaacson

geb. Rosenhelm

geb. 29. I .1842   gest. 16. II.1927

Symbol: Davidstern

Übersetzung der hebräischen Inschrift:

Hier ist begraben
die geachtete Frau,
Lea, Tochter des David.
Sie starb am 12. Adar
687 nach der kl. Zählung.
Ihre Seele sei eingebunden in das Bündel des Lebens.

Anmerkung: Der 12. des ersten Adar 687 war Montag, der 14. Februar 1927.

Zur Person: Amalia Isaacson war die Ehefrau von Isaac Isaacson (Stein E 2).
Sie wohnten Kaiser-Friedrich-Str. (heute: Friedrich-Ebert-Str. 56).
Sie hatten sieben Kinder. Vgl. auch die Übersicht Familie „Elieser Isaacson", S. 42

E 4

פ"נ
האשה היקרה והצנועה והישרה
אשת חיל עטרת הבית
יראת אלהים וחוננת דלים
מרת בתיה מלכה בת ר' משה אליעזר
לאנדסמאן מעיר ראזניאטאוו
אשת המנוח ר' יעקב שטרומוואססער
מתה במבחר שנותיה בת חמשים ותשעה שנים
ביום שביעי של פסח שנת תרפ"ז
ונקברה כ"ג ימים לחודש ניסן
ת נ צ ב ה

Frau Jakob Stromwasser

Basie geb. Landsmann

geb. 18.7.1868, gest. 22.4. 1927

Symbol: Davidstern

Übersetzung der hebräischen Inschrift:
Hier ist begraben
eine teure Frau, bescheiden und aufrecht,
eine tüchtige Gattin und Krone des Hauses.
Sie fürchtete Gott und war mildtätig mit Bedürftigen,
Frau Basie Malche, Tochter des Herrn Mose Elieser
Landsmann aus der Stadt Rosniatow,
die Frau des seligen Herrn Jaakob Stromwasser.
Sie starb in ihren besten Jahren im Alter von 59 Jahren
am 7. Tage von Pessach im Jahre 687
und wurde begraben am 23. Nissan.
Ihre Seele sei eingebunden in das Bündel des Lebens.

Anmerkung: Die Namen dieser Inschrift sind deutsch in hebräischer Umschrift.
Der 7. Tag von Pessach 687 war Samstag, der 23. April 1927.

Zur Person: Basie Stromwasser war verheiratet mit Jakob Stromwasser (1870- 1919) (Stein C 9). Das Ehepaar Stromwasser wohnte nicht in Dinslaken. Die Beisetzung wurde durch den Vorstand der Synagogengemeinde genehmigt. (Eintragung im Protokollbuch , 6. Mai 1931)

E 5

פ " נ

איש הולך תמים היה

צדיק באמונתו חיה

השכים והעריב לתורה ולתפלה

שמו הוא נודע לשבח ולתהלה

ה"ה יצחק בר ה"ח ר' משה

נפטר ביום כ"ד כסלו תרפ"ח

ת נ צ ב ה

Hier ruht
Sally Moses
geb. 22.8.1879
gest. 18.12.1927.

Symbol: Davidstern

Übersetzung der hebräischen Inschrift:
Hier ist begraben
ein Mann, der rechtschaffen wandelte,
ein Gerechter, in seinem Glauben lebte er.
Früh und spät hielt er sich zur Tora und zum Gebet,
sein Name war bekannt zu Lob und Preis.
Das ist Jis-chak, Sohn des toragelehrten Herrn Mose.
Er starb am 24. Kislev 688.
Seine Seele sei eingebunden in das Bündel des Lebens.

Anmerkung: Der 24. Kislev 688 war Sonntag, der 18. Dezember 1927.

Zur Person: Sally Moses wohnte in der Neustrasse 40. Er war Sohn des Mose Seligmann Mosese (Stein B 1) und der Therese, geb. Windmüller (Stein B 2). Er hatte fünf Geschwister. (s. zu Stein B 1). Er war verheiratet mit Sofie, geb. Bock, war Journalist und Mitglied der Feuerwehr. Die Ehefrau floh am 26.9.1939 nach Köln, emigrierte und starb in Montevideo/ Uruguay.
Die Tochter Erna Viktoria, verh. Kaufmann (geb. 21.10.1914 in Dinslaken) floh mit ihrer Mutter am 26.9.1939 nach Köln, lebt in Montevideo/ Uruguay.
Die Tochter Theresa (geb. 29.3.1910 in Dinslaken) floh am 28.8.1935 nach Fulda und emigrierte nach Petach Tiqua/ Israel.

E 6

פ״נ

אשת חיל תפארת בעלה וניניה
תמימה וישרה ונעימה במעשיה
לעני ולאביון פרשה כפיה
זכרה לא יסוף מתוך זרעה
ה״ה מ׳ מיכלא אשת כהר״ר יהודה
המכונה ליב הארף, בת החבר
ר׳ דוד שילדה לו אשתו גיטלכה
י״א אלול תקנ״א לפ״ק נפטרה ביום
ה׳ ערב שבועות ונקברה ביום א׳
ח׳ סיון תרל״א לפ״ק

ת׳ נ׳ צ׳ ב׳ ה׳

Übersetzung der hebräischen Inschrift:
Hier ist begraben
eine tüchtige Frau, Zierde ihres Mannes und ihrer Nachkommen.
Rechtschaffen und aufrecht war sie und angenehm in ihren Taten.
Den Armen und Bedürftigen öffnete sie ihre Hände.
Ihr Gedächtnis weicht nicht aus der Mitte ihrer Nachkommenschaft.
Das ist Frau Michle, Frau des geehrten Herrn Jehuda
genannt: Löb Harff, Tochter des toragelehrten
Herrn David, welche ihm geboren hat seine Frau Gitelche
am 11. Elul 551 (1791) nach der kleinen Zählung. Sie starb
am Tag 5 (Donnerstag), dem Vorabend des Schawuot (Wochenfest, am 5. Sivan)
und wurde begraben am 1. Tag (Sonntag),
den 8. Sivan 631 nach der kleinen Zählung.
Ihre Seele sei eingebunden in das Bündel des Lebens.

Anmerkung: Der 11. Elul 551 war Samstag, der 10. September 1791.
Der Vorabend des Schawuot- Festes 631 war am Donnerstag, den 25. Mai 1871.
Zur Person:
Michle Harff war verheiratet mit Jehuda Harff (1791 – 1876) (Stein D 6). Der Stein ihres Sohnes David (Stein A 55). Der Stein aus dem Jahre 1871 stammt von dem alten Friedhof und wurde wie der Stein des Ehemannes Stein (D 6) hierher gesetzt. Näheres zu Stein D 6.

E 7

פ " נ

הבתולה היקרה מרת

פולינע ליפמאנן

נפטרה ביום א' תבת תרפ"ח

ת נ צ ב "ה

Hier ruht

Pauline Lifmann

geb. 7. 4. 1855
gest. 25.12.1927.

Symbol: Davidstern

Übersetzung der hebräischen Inschrift:

Hier ist begraben
das teure Fräulein, Frau
Pauline Lifmann.
Sie starb am 1.Tewet 688.
Ihre Seele sei eingebunden in das Bündel des Lebens.

Anmerkung: Zeile 4 ein Steinmetzfehler: תבת statt טבת .
Der 1. Tewet 688 war Sonntag, der 25. Dezember 1927.

Zur Person:
Von den Geburtsdaten her könnte es sich um eine unverheiratete Tochter von Abraham Lifmann handeln. Vgl. die Übersicht „Familien Lifmann", S. 46

E 8

פ " נ

אשה חסידה וישרה
דרכי נועם היו דרכיה
מרת בילה
נאספה בשבעה
ביו' א' יוד מנחם אב
ונקברה ביו' ג' י"ב בו
תרנ"ג לפ"ק

ת' נ' צ' ב' ה'

Bertha Lifmann

geb. 30. Nov 1815,
gest. 28. Juli 1893.

Übersetzung der hebräischen Inschrift:

Hier ist begraben
eine gütige und rechtschaffene Frau,
freundlich waren ihre Wege,
Frau Bela,
die eingesammelt wurde im siebten (Jahrzehnt)
am 1. Tag (Sonntag), den 10. des Trösters Aw.
Sie wurde begraben am Tag 3 (Dienstag), den 12. in ihm,
653 nach der kleinen Zählung.
Ihre Seele sei eingebunden in das Bündel des Lebens.

Anmerkung: Der Stein aus dem Jahre 1893 stammt vom alten Friedhof und wurde 1927 hierher gesetzt. Der 10. Aw 653 war Sonntag, der 23. Juli 1893.

Zur Person: Bei Bertha Lifmann könnte es sich vom Geburtsdatum her um eine unverheiratete Tochter des Naphtali Lifmann handeln. Vgl. dazu die Übersicht „Familien Lifmann", S. 46

E 9

פ״נ
איש זקן ושבע ימים
בן פ״ה הלך לעולמים
יעקב בר נפתלי
מת והלך לעלמא
ביום עש״ק י״ג טבת
ונקבר ביום ט״ז בו
תרס״ד לפ״ק
תנצב״ה

Jacob Liffmann

geb. zu Dinslaken
d. 13. Sept. 1819
gest. 1. Jan 1904

Übersetzung der hebräischen Inschrift:

Hier ist begraben
ein Mann, alt und satt an Tagen,
als 85-jähriger ging er in die Ewigkeiten,
Jaakow, Sohn des Naphtali.
Er starb und ging zur Ewigkeit
am Vorabend des Heiligen Sabbat, dem 13. Tewet,
und wurde begraben am 16. Tage in ihm,
664 nach der kl. Zählung.
Seine Seele sei eingebunden in das Bündel des Lebens.

Anmerkung:
Der Stein aus dem Jahre 1904 stammt vom alten Friedhof und wurde 1927 hierher gesetzt.
Der 13. Tewet 664 war Freitag, der 1. Januar 1904.

Zur Person:
Jacob Lifmann war Sohn von Naphtali Lifmann und Sara, geb. Wallach (geb. 1782)
Vgl. die Übersicht „Familien Lifmann", S. 46

E 10

Die Platte mit der Inschrift ging verloren.

E 11

פ״נ

Emma Salmon

geb. Kapell

geb. 28.5.1863
gest. 13.7.1928

ת׳נ׳צ׳ב׳ה׳

Anmerkung: Der Stein trägt in hebräischer Sprache nur die beiden abgekürzten Formeln „Hier ist begraben" und den Segen „ Ihre Seele sei eingebunden in das Bündel des Lebens".

Zur Person:
Emma Salmon war Ehefrau von Moritz Salmon (1850- 1909) (Stein A 21) und Mutter von Willi Salmon (1892 – 1909) (Stein A 5) und Dr. Richard Salmon (1894 – 1938) (Tafel I 4).

E 12

Hier ruht

Gerson Jacobs

geb. 13. Jan. 1815

gst. 22. Dez. 1895.

Anmerkung: Der Stein trägt nur eine deutsche Inschrift. Die Seite mit dieser Inschrift bildete ursprünglich die Rückseite des Steins. Deutlich erkennbar ist, dass früher auf der anderen Seite (Vorderseite) eine Platte wohl mit einer hebräischen Inschrift in den Stein eingelassen war. Diese Platte ist verloren gegangen.
Der Stein stammt von dem alten Friedhof (1895) und wurde nach 1927 hierher gesetzt.

Zur Person:
Gerson Jacobs war verheiratet mit der Caroline, geb. Bacharach aus Hamm (1831 – 1858). Ihr Stein (Stein A 26) wurde im vorigen Kapitel ausführlich beschrieben (S. 35f).

E 13

פ " נ

שפרינס בת משה

מתה י"א אדר א' פ"ט לפ"ק

תנצב"ה

Josefine Moses

geb. 10.6.1856

gest. 21.2.1929

Symbol: Davidstern

Übersetzung der hebräischen Inschrift:

Hier ist begraben
Sprins, Tochter des Mose.
Sie starb am 11. des 1. Adar (6)89 nach der kl. Zählung.
Ihre Seele sei eingebunden in das Bündel des Lebens.

Anmerkung: Der 11. des ersten Adar 689 war Donnerstag, der 21. Februar 1929.

Zur Person:
Josefine Moses war Tochter des Mose Moses und der Sara, geb. Bender (Steine A 36 und A 37)
Vgl. auch die Übersicht „Familie Seligmann Moses", S. 48.

F 1

משה בר יעקב
מת כ"א אדר שני פ"ט

תנצב"ה

Moritz Jacob
geb. 17.3.1856
gest. 2.4.1929.

העבע בת שלמה
מתה ג' ניסן פ"ט

Hedwig Jacob
geb. Herz
geb. 28.10.1859
gest. 13. 4.1929.

Symbol: Davidstern
Übersetzung der hebräischen Inschriften:

Hier sind begraben

Mose, Sohn des Jaakow,
er starb am 21. des 2. Adar (6)89.

Hebbe, Tochter des Schelomo,
sie starb am 3. Nissan (6)89.

Anmerkung: Der 21. des 2. Adar 689 war Dienstag, der 2. April 1929.
Der 3. Nissan 689 war Samstag, der 13. April 1929.

Zur Person: Die Familie Jacob wohnte Neustrasse 16. Sie hatte vier Kinder:
Julius (geb. 1890, unverheiratet, emigriert); Erna (geb. 1891, 1942 in Izbica ermordet);
Hugo (1895 – 1988) (s. auch zu Stein I 2) wurde von Verwandten versteckt ;
Walter (geb. 1902 , in Majdanek ermordet) Vgl. auch die Übersicht „Familie Meier Jacob",
S. 44.

F 2

פ " נ

החשוב שלמה בר רפאל	האשה לייצכן בת גרשן
מת ה׳ אייר תרפ״ט לפ״ק	מתה י״ז אדר תרצ״ה
	תנצב״ה

Salomon Fuldauer
geb. 18.4.1859
gest. 14.5.1929

Lisette Fuldauer
geb. 9.7.1859
gest. 20.2.1935

Symbol: Davidstern

Übersetzung der hebräischen Inschrift:

Hier liegen begraben
der geachtete Schelomo, Sohn des Raphael.   die Frau Leizchen, Tochter des Gerschon.
Er starb am 5. Ijar 689.   Sie starb am 17. Adar 695.
Ihre Seelen seien eingebunden in das Bündel des Lebens.

Anmerkung: Der 5. Ijar 689 war Mittwoch, der 15. Mai 1929.
Der 17. des 1. Adar 695 war Mittwoch, der 20. Februar 1935.

Zur Person: Das Ehepaar Fuldauer wohnte an der Weseler Strasse. Es hatte drei Kinder:
Hugo(geb. 1891), verheiratet mit Irma Oppenheimer, hatte eine Agentur, Weseler Str. 206. Sie emigrierten mit den Kindern Berta, Minna und Rudi nach Argentinien.
Karl (geb. 1894), verheiratet mit Hedwig Stern, Lederwarenhandlung, Weseler Str. 165. Sie emigrierten 1936 mit der Tochter Annette in die USA.
Berta Fuldauer (geb. und gest. 1910) (Stein A 57).

F 3

פ " נ

הילד אליעזר

בר שלמה

מת ביום כ"ט

חשון תרע"ט

ת'נ'צ'ב'ה

Erwin Simon

geb. 22.5.1918

gest. 4.11.1918

Übersetzung der hebräischen Inschrift:

Hier ist begraben
das Kind Elieser,
Sohn des Schelomo.
Es starb am 29. Cheschwan 679.
Seine Seele sei eingebunden in das Bündel des Lebens.

Anmerkung:
Die Platte war zerbrochen und ist von Herrn Bernd Schnier vor einigen Jahren erneuert worden. Das Foto von 1980 (links) zeigt die ursprüngliche Platte.
Der Grabstein lag umgestürzt im Grün.
Auf der erneuerten Platte der Familienname: „Simon" statt „Simons".
Der 29. Marcheschwan 679 war Montag, der 4. November 1918.

Zur Person: Erwin Simons war der Sohn von Rosa Simons (1882-1919) (Stein C 5).

F 4

פ " נ

איש ישר מאיר בר זב

מת ז' אב תרפ"ט לפ"ק

Meier David
geb.7.11.1848
gest.13.8.1929.

Symbol: Davidstern

Übersetzung der hebräischen Inschrift:

Hier ruht
ein aufrechter Mann, Me- ier, Sohn des Seew.
Er starb am 7. Aw 689 nach der kleinen Zählung.

Anmerkung:

Der 7. Aw 689 war Dienstag, der 13. August 1929.
Der Name Seew wird eigentlich זאב geschrieben statt wie hier זב.

F 5

פ " נ

איש תם וישר
ה"ה אברהם בר בנימין   **Rosa Wolf**
מת ביום כ"ה אלול תרפ"ט

ת נ צ ב "ה

Albert Wolf   1863 -1935
geb. 14.5.1876
gest. 30.9.1929.

Symbol: Davidstern
Übersetzung der hebräischen Inschrift:
                         Hier sind begraben
ein aufrechter und lauterer Mann,
das ist Abraham, Sohn des Benjamin.   1863 – 1935
Er starb am 25. Elul 689.
            Ihre Seelen seien eingebunden in das Bündel des Lebens.

Anmerkung: Der 25. Elul 689 war Montag, der 30. 9.1929.
Zur Person:
Albert Wolf („Abraham, Sohn des Benjamin") war Sohn des Solmon Wolf und der Johanna, geb. Isaacson (gemeinsamer Stein A 53). Rosa Wolf war seine ältere Schwester (1863 – 1935).
Albert Wolf war verheiratet mit Betty Gans (geb. 1880). Sie wurde am 19.8.1942 in Auschwitz ermordet. Sie wohnten Friedrich- Ebert- Str. 56 und hatten drei Kinder: **Hans Jakob** (geb. 1905 – emigriert nach Israel); **Walter** (geb. Dezember 1905 – geflohen); **Marta** (geb. 1906 – emigriert nach Israel).
Vgl. auch die Übersicht „Familie Samuel Isaacson", S. 43.

F 6

פ " נ
בילה בת אלי
מתה כ"ד טבת תר"ע לפ"ק
תנצב" ה

Frl. Bertha Salomon

geb. 27.12.1883

gest. 24.1.1930

Symbol: Davidstern

Übersetzung der hebräischen Inschrift:
Hier liegt begraben
Bela, die Tochter des Eli.
Sie starb am 24. Tewet 690 nach der kleinen Zählung.
Ihre Seele sei eingebunden in das Bündel des Lebens.

Anmerkung:
Der 24. Tewet 690 war Freitag, der 24. 1. 1930.

F 7

פ " נ

החשוב חיים בר זב

מת ט"ז אדר תרצ"א לפ"ק

ת נ צ ב " ה

Hier ruht in Gott
mein unvergeßl. Mann
unser lieber Vater
der Kaufmann
**Heinemann
Heimberg**

geb. 5. August 1857
zu Madfeld Brilon
gest. 5. März 1931
zu Hamborn

Symbol: Davidstern

Übersetzung der hebräischen Inschrift:

Hier ist begraben
der bekannte Chaim, Sohn des Seew.
Er starb am 16. Adar 691 nach der kleinen Zählung.
Seine Seele sei eingebunden in das Bündel des Lebens.

Anmerkung:
Der 16. des 1. Adar 691 war Donnerstag, der 5. März 1931.
Zum Namen Seew s. Anmerkung zu F 4.

Zur Person:
Die Familie Heimberg gehörte zu den Familien, die in Hamborn wohnten, sich aber zur
Dinslakener Gemeinde hielten. Der Vorstand der Synagogengemeinde genehmigte die Beisetzung
in Dinslaken. (Eintragung im Protokollbuch der Synagogengemeinde am 6. März 1931)

F 8

פ"נ
אשה צנועה
חוננת דלים וגמלה חסד כל ימיה
ישרה ותמימה במעשיה
ה"ה מרת חיה אשת
ר' בצלאל האבער ז"ל
נפטרה י"ט איר תרצ"א
ת'נ'צ'ב'ה'

Chaÿe Haber

geb. 10.6.1864 gest. 6.5.1931.

Übersetzung der hebräischen Inschrift:

Hier ist begraben
eine bescheidene Frau.
Sie erbarmte sich der Armen und tat Gutes alle ihre Tage,
aufrecht und redlich war sie in all ihren Taten.
Das ist Frau Chaije, Gattin
des Herrn Bezalel Haber, seligen Angedenkens.
Sie starb am 19. Ijar 691.
Ihre Seele sei eingebunden in das Bündel des Lebens.

Anmerkung:
Die Anfangsbuchstaben 3. bis 5. Zeile ergeben von oben nach unten gelesen den Vornamen der Verstorbenen: חיה = Chaye (Akrostichon).
Der 19. Ijar 691 war Mittwoch, der 6. Mai 1931.

Zur Person:
Caye Haber war Ehefrau des Zallel (Bezalel) Haber (gest. 1919) (Stein C 4).
Sie wohnte in Gladbeck. Ihre Beisetzung in Dinslaken wurde durch den Vorstand der Synagogengemeinde genehmigt (Eintragung im Protokollbuch der Synagogengemeinde vom 6. Mai 1931).

F 9

פ " נ

הבחור דוד בר יעקב

מת י"ז תמוז תרצ"א

ת נ צ ב "ה

Paul Isaacson

geb. 26.2.1906
gest. 2. 7. 1931

Symbol: Davidstern

Übersetzung der hebräischen Inschrift:

Hier ruht
der Junggeselle David, Sohn des Jaakow.
Er starb am 17. Tammus 691.
Seine Seele sei eingebunden in das Bündel des Lebens.

Anmerkung:
Steinmetzzeichen der Firma Hilgert, Dinslaken, unter der Inschrift.
Der 17. Tammus 691 war Donnerstag, der 2. Juli 1931.

Zur Person:
Paul Isaacson wurde nur 25 Jahre alt. Er könnte vom Geburtsdatum her ein Sohn von Julius oder Leo Isaacson gewesen sein. Vgl. auch die Übersicht „Familie Samuel Isaacson", S. 43.

F 10

פ " נ

שבע בת שעיה אברהם

מתה כ"ח כסלו תרצ"ב לפ"ק

תנצב"ה

Jeanette Jacob

geb. Marchand

geb. 24.11.1842   gest. 7.12.1931

Symbol: Davidstern

Übersetzung der hebräischen Inschrift:

Hier ist begraben
Seba, die Tochter des Schaje Abraham.
Sie starb am 28. Kislev 692 nach der kleinen Zählung.
Ihre Seele sei eingebunden in das Bündel des Lebens.

Anmerkung:
Der 28. Kislev 692 war Dienstag, der 8. Dezember 1931.

Zur Person:
Jeanette Jacob geb. Marchand war Ehefrau des Selig Jacob (1835 – 1912) (Stein B 10).
Näheres unter Stein B 10.

G 1

פ " נ

אשה חשובה

עטרה לבעלה ולבניה

ושלום כל נתיבותיה

מרת שרה בת אברהם

עלתה למרום ביום י"ד סיון תרצ"ד

Saly Strauss geb. Stern

5. 4. 1867 – 28. 5. 1934

ת' נ' צ' ב' ה'

Übersetzung der hebräischen Inschrift:

Hier ist begraben
eine geachtete Frau,
eine Krone für ihren Ehemann und ihre Kinder,
und Friede war auf all ihren Wegen,
Frau Sarah, Tochter des Abraham.
Sie stieg auf zur Höhe am 14. Sivan 694.
Ihre Seele sei eingebunden in das Bündel des Lebens.

Anmerkung: Der Stein ist gestaltet von dem bekannten jüdischen Künstler Leopold Fleischhacker (1882 - 1946).   Der 14. Sivan 694 war Montag, der 28. Mai 1934.

Zur Person: Saly Strauss war verheiratet mit Dr. Leopold Strauss (geb. 1861), Lehrer an der jüdischen Schule. Sie wohnten Duisburger Str. 100 und hatten zwei Kinder.
Alfred (geb. 24.4.1891 – ermordet 9.9.1943 in Theresienstadt), verheiratet mit Lore Dahl (geb. 16.8.1907 – ermordet am 9.9.1943 in Theresienstadt).
Siegfried (geb. 24.4.1891) verheiratet mit Regine Rosenberg (geb. 13.1.1898)
Sie hatten ein Kind Richard (geb. 26.10.1926). Alle drei wurden am 18.12.1943 in Auschwitz ermordet.

G 2

פ״נ
היקרה אסתר בת אורי
מתה י׳ סיון תרצ״ד
תנצב״ה

Emma Elkan
geb. Leeser

geb. 15.3.1858
gest. 24.5.1934

Übersetzung der hebräischen Inschrift:

Hier ist begraben
die teure Ester, Tochter des Uri.
Sie starb am 10. Sivan 694.
Ihre Seele sei eingebunden in das Bündel des Lebens.

Anmerkung: Der 10. Sivan 694 war Donnerstag, der 24. Mai 1934.

Zur Person:
Emma Elkan, geb. Leeser war verheiratet mit Leeser Elkan (geb. 26.04.1849 in Brünen). Die Eheleute Elkan wohnten Blücherstrasse 69. Der Ehemann der Verstorbenen floh am 9.6.1938 nach Hattingen. Er lebte dann bei seiner Tochter Rosa, verh. Rosenberg in Rheine. Er starb dort am 23.4.1941 und wurde auf dem jüdischen Friedhof in Rheine beerdigt.
Vgl. auch die Übersicht „Familie Elkan/ Leeser", S. 41.

G 3

פ " נ

יצחק בר יהודה

מת בימי עלומיו

ביום ט"ז כסלו תרצ"ד

Siegmund

Spiegel

27.10.1893 – 4.12.1933

ת נ צ ב " ה

Übersetzung der hebräischen Inschrift:

Hier ist begraben
Jis-chak, Sohn des Jehuda.
Er starb in den Tagen seiner Jugend
am 16. Kislev 694.
Seine Seele sei eingebunden in das Bündel des Lebens.

Anmerkung: Der 16. Kislev 694 war Montag, der 4. Dezember 1933.
Der Stein stammt aus der Werkstatt des jüdischen Künstlers Leopold Fleischhacker (1882 – 1946), Düsseldorf.

Zur Person: Siegmund Spiegel war Sohn von Louis Spiegel (geflohen und 1940 in den Niederlanden gestorben) und Regine, geb. Aron (1857 – 1919) (Stein C 6).
Er war Viehhändler und Metzger, hatte ein Geschäft in der Duisburger Str.
Seine Ehefrau, Elise Spiegel, geb. Berghausen (geb. 1904 in Petershagen) floh am 25. 8.1939 nach England und dann nach Chile.
Die Tochter **Nanny-Edith** (geb. am 25.4.1928 in Dinslaken, floh am 25.11.1938 nach Gennep/NL. Sie emigrierte nach Chile. (Gestapoakte: RW – 5833553)
Der Sohn **Fritz (Fred)** Spiegel (geb. am 21.4.1932 in Dinslaken) floh mit seiner Schwester am 25.11.1938 nach Gennep/NL. Er wohnt heute in den USA. Er hat Kontakte nach Dinslaken. Er hat einen Bericht über seine Kindheit geschrieben: „Once the acacias bloomed, the Childhood lost", 2004.   Näheres zu Stein C 6.

G 4

איש ירא ה' מנעוריו תם וישר בכל מעשיו

ורודף שלום כל ימי חייו ה"ה נפתלי בר ברוך

Hermann Lifmann

10.7.1870 - 18.9.1933

תנצב"ה

Übersetzung der hebräischen Inschrift:
Ein Mann, der gottesfürchtig war von seiner Jugend an, lauter und aufrecht in all seinem Tun. Er strebte nach Frieden alle Tage seines Lebens. Das ist Naphtali, Sohn des Baruch
Hermann Lifmann
Seine Seele sei eingebunden in das Bündel des Lebens.

Anmerkung: Auf der Rückseite ist als Steinmetzzeichen der Schriftzug „Fleischhacker Duesseldorf" vermerkt. Der jüdische Künstler Leopold Fleischhacker bemühte sich um zeitgemäße künstlerische Gestaltung von Grabsteinen auf jüdischen Friedhöfen.

Zur Person:
Hermann Lifmann war Viehhändler und wohnte mit seiner Frau Neustrasse 57. Er hat sich besondere Verdienste erworben durch die Einrichtung einer Versicherung für den Viehmarkt. Eine Gedenktafel an seinem Haus in der Neustrasse erinnert an seine Verdienste.
Seine Ehefrau Henriette, geb. Moses (geb. am 31.3.1885 in Dinslaken) floh am 6.5.1939 nach Köln. Sie starb am 3.9.1940 in Montevideo/ Uruguay. Sein Bruder Hugo (geb. 6.1.1871) und seine Schwägerin Sofie, geb. Stern (geb. 17.2.1883) wurden 1942 in Auschwitz ermordet.
Vgl. auch die Übersicht „Familien Lifmann", S. 46.

G 5

פ " נ
איש ישר יהודה בר דוד
מת ביום ז' אלול תרצ"ג
תנצב"ה
Hier ruht
mein lieber Mann
unser guter Vater
Leo Isaacson
* 12. Nov 1873
† 29. Aug. 1933

Übersetzung der hebräischen Inschrift:

Hier ist begraben
ein aufrechter Mann, Jehuda, Sohn des David.
Er starb am 7. Elul 693.
Seine Seele sei eingebunden in das Bündel des Lebens.

Anmerkung: Der 7. Elul 693 war Dienstag, der 29. August 1933.

Zur Person:
Leo Isaacson war Sohn des David Samuel Isaacson und der Regina, geb. Wallach (gemeinsamer Stein A 54). Er hatte eine Metzgerei Am Altmarkt 5.
Er war verheiratet mit Ida, geb. Albersheim. Sie emigrierte nach dem Tod des Ehemannes mit den Kindern **Liesel** und **Helmut** in die USA.
Vgl. auch die Übersicht „Familie Samuel Isaacson", S. 43.

G 6

פ " נ

Simon

Herz

geb. 4.3. 1849

gest. 8.1.1896

Julie

Herz

geb. Heymann

geb. 2.1.1859

gest. 13.7.1933

Der Stein hat nur eine deutsche Inschrift.

Zur Person:
Die Tochter Paula des Ehepaares Herz ist im Jahr 1900 mit 11 Jahren verstorben (Stein A 6).

G 7

פ " נ

רבקה בת משה

מתה ט"ז טבת תרצ"ג

תנצב"ה

Friederike Moses

geb. 28.3.1847
gest. 14.1.1933

Symbol: Davidstern

Übersetzung der hebräischen Inschrift:

Hier ist begraben
Rebekka, Tochter des Mose.
Sie starb am 16.Tewet 693.
Ihre Seele sei eingebunden in das Bündel des Lebens.

Anmerkung:
Der 16.Tewet 693 war Samstag, der 14. Januar 1933.

Zur Person:
Friederike Moses war unverheiratete Tochter des Mose Moses und der Sara, geb. Bender (Stein A 36 und Stein A 37).
Vgl. auch die Übersicht „Familie Seligmann Moses", S. 48.

G 8

פ״נ

החשוב ירא את ד'

יהודה בר חיים כ"ץ

מת ז' טבת תרצ"ב

תנצב"ה

Leopold Cohen

geb. 6.8.1849

gest. 17.12.1931

Symbol: Davidstern

Übersetzung der hebräischen Inschrift:

Hier ist begraben
der geachtete und gottesfürchtige
Jehuda, Sohn des Chajim, seligen Angedenkens.
Er starb am 7.Tewet 692.
Seine Seele sei eingebunden in das Bündel des Lebens.

Anmerkung: Der 7. Tewet 692 war Donnerstag, den 17. Dezember 1931.

Zur Person:
Leopold Cohen war Sohn von Chajim Cohen und Sophie, geb. Bernhard. Er hatte sechs Geschwister. - vgl. die Übersicht „Familie Cohen", S. 42.
Er war verheiratet mit **Rosalie, geb. Lifmann** (gest. 1919) (Stein C 8). Sie wohnten Bahnstr. 15. Sie hatten sieben Kinder. - vgl. die Übersicht „Familien Lifmann", S. 48.
Sohn **Hugo** Cohen (Viehhändler, stellvertretender Bürgermeister), (geb. 18.5.1886 in Dinslaken) war Mitglied der SPD, Gestapoakte RW – 5854907
Er und seine Ehefrau, Else, geb. de Jonge (geb. 18.3.1899 in Weener /Ems) flohen am 9.11.1938 mit ihren Kindern nach Utrecht/ NL , von dort nach Toronto/ Kanada
Enkelsohn **Heinz** Cohen (geb. 31.12.1920 in Dinslaken) floh mit seinen Eltern am 9.11.1938 nach Utrecht. War Pilot der kanadischen Luftwaffe und wurde über Berlin abgeschossen.

H 1

Johanna Langstadt
geb. Stern

23. 5. 1880 - 1.3.1937

ת׳ נ׳ צ׳ ב׳ ה׳

Anmerkung: Auf dem Stein ist Raum gelassen für den Namen des Ehemannes.

Zur Person:
Johanna Langstadt, geb. in Kamen, war verheiratet mit Karl Langstadt (geb. 12.03.1868 in Arnsberg) und wohnte in der Neustrasse 60. Der Ehemann floh am 31.03.1939 nach Nimwegen und wurde am 15.5.1943 in Sobibor ermordet.

H 2

Karl Bernhard

geb. 12. 9. 1855
gest. 19.11.1936

Der Stein trägt nur eine deutsche Inschrift.

Zur Person:
Karl Bernhard wohnte Neustrasse 70. Er war der Sohn von Salomon Bernhard (Stein A 18) und Rosa, geb. Lenneberg (Stein A 19). Sein Bruder war Julius Bernhard (Stein H 7).

H 3

Julius Elkan

9.5.1882 5.9.1936

ת' נ' צ' ב' ה'

Deutsche Inschrift. Nur die Abkürzung des Segenswunsches in hebräischen Buchstaben.

Zur Person:

Julius Elkan war Kaufmann und besaß eine Manufaktur in der Neustrasse 49. Er war verheiratet mit **Zerline, geb. Marx** (geb. 14.9.1889).
Er war Sohn des Jonas und der Magdalene Elkan (hatten eine Gastwirtschaft), die 1936 nach Essen verzogen.
Er und seine beiden Brüder **Louis** (geb 1879) und **Leonard** (geb. 1893) waren Soldat im 1. Weltkrieg. Obwohl Kriegsteilnehmer wurden die beiden Brüder in Sobibor, bzw. Auschwitz ermordet.

H 4

פ"נ

איש ישר וכשר

בכל מדותיו

ורודף שלום ה"ה

אליעזר בר משה

Ernst Scherbel

1.12.1879 – 1.12.1935

תנצב"ה

Übersetzung der hebräischen Inschrift:

Hier ist begraben
ein Mann, aufrecht und redlich
in allen seinen Tugenden.
Er strebte nach Frieden, es ist
Elieser, Sohn des Mose.

Seine Seele sei eingebunden in das Bündel des Lebens.

Zur Person:
Ernst Scherbel war Kaufmann und wohnte in der Neustrasse 50.
Er war verheiratet mit **Johanna, geb. Stern** (geb. 7.12. 1878 in Bettenhausen).
Die Ehefrau floh am 1.2.1937 nach Rheydt und wurde in Minsk ermordet.
Der Sohn **Richard-Moritz Scherbel** (geb. am 19.6.1911 in Dinslaken) floh am 1.2.1937 nach Frankfurt/ M. und wurde wie seine Mutter in Minsk umgebracht.

H 5

פ" נ

אשה ישרה ונעימה

הלכה בדרך תמימה

ה"ה מרת פייגע בת יחזקאל

אשת ר' קלמן שעכטער ז"ל

נפטרה כ"ג ניסן תרצ"ה

ת' נ' צ' ב' ה'

Feige Schächter

geb. 3 - 4 - 1870 in Kalusz
gest. 26 - 4 - 1935 " Hamborn.

Übersetzung der hebräischen Inschrift:

Hier ist begraben
eine rechtschaffene und freundliche Frau,
die auf rechtem Weg ging,
das ist Frau Feige, Tochter des Jecheskel,
Gattin des Herrn Kalman Schächter, sel. Andenkens.
Sie starb am 23. Nissan 695.
Ihre Seele sei eingebunden in das Bündel des Lebens.

Anmerkung:
Der 23. Nissan 695 war Freitag, der 26. April 1935.

Zur Person:
Feige Schächter war Witwe des Kalmann Schächter. Sie stammten aus Polen und waren
ins Ruhrgebiet gezogen. Sie wohnten in Hamborn und hielten sich zur Dinslakener Gemeinde.

H 6

פ״נ

אשה צנועה בכל דרכיה
לעניים ולאביונים פרשה כפיה
והדריכה למישרים את בניה
ה״ה מרת פעסה מלכה
אשת המנוח שמואל קויפמאנן ז״ל
נפטרה ט׳ אדר ראשון תרצ״ה
ת׳ נ׳ צ׳ ב׳ ה׳

Pessie Malke Kaufmann

aus Ro [senheim]

gest. 12.2.1935.

Übersetzung der hebräischen Inschrift:

Hier ist begraben
eine Frau, züchtig auf allen ihren Wegen,
den Armen und Bedürftigen reichte sie ihre Hand,
ihre Kinder führte sie zu Rechtschaffenheit.
Das ist Frau Pessie Malke,
die Frau des seligen Schemuel Kaufmann, seligen Angedenkens.
Sie starb am 9. des 1. Adar 695.
Ihre Seele sei eingebunden in das Bündel des Lebens.

Anmerkung:
Nur die ersten beiden Buchstaben des Geburtsorts sind zu lesen.
Der 9. des 1. Adar 695 war Dienstag, der 12. Februar 1935.

Zur Person :
Pessie Kaufmann war Witwe des Samuel Kaufmann. Sie hatte Verwandte in Moers.

H 7

Julius

Bernhard

1859 – 1934.

Der Stein trägt nur eine deutsche Inschrift (mit Jahreszahlen).

Zur Person:
Die Familie Bernhard lebte vier bis fünf Generationen in Dinslaken.
Julius Bernhard war Sohn von Salomon Bernhard (1817 – 1894) (Stein A 18) und der Rosa, geb. Lenneberg (1822 – 1902) (Stein A 19). Er war verheiratet mit Klara, geb. Lifmann (1863 – 1919) (Stein C 3). Er war der Bruder von Karl Bernhard (Stein H 2). Er war Kaufmann und Ratsherr.
Das Ehepaar Bernhard hatte vier Kinder:
Siegfried (geb. 1896 – gest.1944 in Auschwitz), verh. mit Anna Cohen (geb. 1892 – gest. 1944 in Auschwitz). Er baute ein kleines Kaufhaus in der Neustr. 70 neben der Synagoge; heute: Cafe Central.
Alfred Bernhard (geb. 1898 – emigriert nach Südafrika)
Carl Bernhard (geb. 1900 - emigriert nach Südafrika)
Johanna Bernhard (1902 – 1907) (Stein B 4).

I 1

פ " נ

הבתולה

רמה בת אורי

מתה ביום ל' תמוז

Emma

Salmon

geb. 10.Mai 1853

gest. 25. Juni 1903

Die auf dem Boden liegende Platte gehört zum Grabstein **A 9**.
Auf einem Foto von 1984 ist diese Platte noch an dem Stein befestigt. Sie muss danach abgefallen und hierher gelegt worden sein.
Nähere Angaben zu Emma Salmon unter A 9 und in der Übersicht „Familie Salmon", S. 49.

Henny Jacob

geb. Gerullat

26.8. 1897 - 7.9. 1957

Der Stein trägt nur eine deutsche Inschrift.

Zur Person:
Henny Jacob wurde als Letzte auf dem Jüdischen Friedhof in Dinslaken beigesetzt.
Sie starb 1957 in Dinslaken. Sie war Christin, wurde aber wohl mit jüdischen Ritus beerdigt, da die Sterberegister beider Kirchengemeinden keinen Eintrag enthalten.
Vor dem Krieg wohnte sie mit ihrem Mann Bismarckstr. 69.
Ihr Ehemann **Hugo Jacob** (geb. 18.5.1905 in Dinslaken) war Kaufmann, floh nach Essen und wurde dort von Verwandten seiner Ehefrau bis zum Ende des Krieges vor der Gestapo versteckt. Beide versuchten nach dem Krieg in ihrem wiederaufgebauten Haus an der Bismarckstr. eine jüdische Gemeinde zu sammeln.
Hugo Jacob lebte nach dem Tod seiner Frau noch bis 1966 in Dinslaken. Danach zog er nach Den Haag, NL, und heiratete dort. 1986 ist er dort verstorben.
Die Schwiegereltern von Henny Jacob (Moritz und Hedwig Jacob, geb. Herz) sind auf dem Friedhof begraben (Grabstein F 1).

I 3

Meta Krakauer

◊ 1. 5. 1868
† 10. 7. 1955

Symbol: Davidstern

Anmerkung:
Die Inschrift der Platte ist heute kaum noch erkennbar. Die Angaben sind Aufzeichnungen aus dem Jahr 1983 entnommen.

Zur Person:
Über eine Familie Krakauer in Dinslaken ist nichts bekannt. Wahrscheinlich hat Meta Krakauer nach dem Krieg für kurze Zeit hier gelebt.

פ " נ

Dr. Richard Salmon

geb. 6.8.1894   gest. 13.11.1938

תנצב"ה

Nur eine kleine Marmorplatte, die auf dem Boden liegt, erinnert an Dr. Richard Salmon.

Zur Person:
Dr. Salmon war Kaufmann und wohnte Neustr. 7. Er war Sohn des Moritz Salmon (1850- 1909) (Stein A 21) und der Emma, geb. Kapell (1863 – 1922) (Stein E 11).
Sein Bruder war der früh verstorbene Willi Salmon (1892 – 1909) (Stein A 5).
Er und seine Frau, Berta, geb. Strühl, flohen am 3.12.1935 nach Essen. Im November 1938 wurden sie an der niederländischen Grenze aufgegriffen. Infolge der zugefügten Misshandlungen durch die Gestapo starb er am 13.11.1938 in einer Gefängniszelle nahe der Grenze. Seine Ehefrau erreichte noch eine Beerdigung auf dem jüdischen Friedhof, bei der es allerdings keinem Juden erlaubt war anwesend zu sein. (so Sophoni Herz: Kristallnacht im Dinslakener Waisenhaus, Heimatkalender Kreis Wesel, 1988, S. 137f)
Im November 1938 war es nicht möglich, einen Gedenkstein zu errichten.
Seine Ehefrau Berta, geb. Strühl, kam in Minsk ums Leben.

פ"נ

Arthur Cohen

geb. 4. April 1892

gest. 19. Juli 1938
(20. Tammus)

תנצב"ה

Anmerkung: Nur eine einfache Gedenktafel auf dem Boden erinnert an Arthur Cohen. Der 19. Juli 1938 war der 20. Tammus 698.

Zur Person:
Arthur Cohen war Sohn von Leopold Cohen (1849 – 1931) (Stein G 8) und der Rosalie, geb. Lifmann (gest. 1919) (Stein C 8). Er war Kaufmann und Viehhändler und hatte ein Geschäft in der Neustrasse 62.
Er war verheiratet mit **Grete, geb. Abraham**. Sie hatten zwei Kinder: **Rosel** (geb. 1925) und **Fritz** (geb. 1929). Sein Bruder Hugo hatte eine Pferdehandlung in der Bahnstraße und belieferte nach dem 1. Weltkrieg auch die Reichswehr. Er war in den 20er Jahren stellvertretender Bürgermeister.
Das Grab der Schwester Clara befindet sich ebenfalls auf dem Friedhof (Stein A 44).
Arthur Cohen starb am 19.Juli 1938 in Berlin. Sein Wohnhaus an der Walsumer Str. (heute: Konrad Adenauer- Str. / gegenüber dem evang. Krankenhaus) wurde am 10. November 1938 verwüstet.
Seine Ehefrau Grete Cohen, geb. Abraham (geb. 4.11.1900 in Altenkirchen) floh am 11.8.1939 nach Valkenburg, NL, wurde von dort nach Auschwitz deportiert und starb dort am 31.8.1942. Der Sohn Fritz Cohen und die Tochter Rosel Cohen wurden am 11.8.1942 ebenfalls in Auschwitz umgebracht.

4. Tod, Begräbnis und Trauer im Judentum

Im Judentum gibt es ursprünglich zwei Auffassungen vom Leben nach dem Tod:
Einmal die Vorstellung von der Unsterblichkeit der Seele. Die Seele des Menschen lebt nach seinem Tod weiter (Proverbien 12,28; Philo von Alexandrien ; 20 vor bis 50 nach u.Z.). Sie verlässt den Körper, um zu Gott aufzusteigen.
Zum anderen gibt es die Vorstellung von der Auferstehung der Toten. Die Verstorbenen werden zur messianischen Zeit wiederbelebt und leiblich auferstehen (so Daniel 12, 2).
Im Laufe der Zeit verschmolzen beide Vorstellungen zu dem Glauben, es gibt eine zukünftige Welt, in der die Verstorbenen die Nähe Gottes in besonderer Weise erfahren.
Diese Erwartung spricht aus dem auf den meisten Grabsteinen eingeschriebenen Schlusssegen: *"Seine/ Ihre Seele sei eingebunden in das Bündel des Lebens..."*.
Auf den Steinen des Friedhofs finden wir weitere Wendungen, die den Glauben an ein Weiterleben, bzw. die ewige Verbundenheit mit Gott ausdrücken. So lesen wir: *„Sie ging in ihre Welt"* (B 11); *„Sie stieg zur Höhe"* (A 54, A 51) ; *„Sie ging in die Ewigkeit"* (B 10) ; *„...in ihre Welt"* (A 55, B 4).
Wir finden auch Formulierungen wie: *„Er wurde hingenommen"*; *„Er wurde eingesammelt"*; *„Seine Seele sei eingebunden in das Bündel des Lebens mit den Männern und Frauen, die im Garten Eden sind"* (A 41); *„zu wohnen auf ewig im Licht der Auferstehung"* (C 2).

a. Der Tod

Allgemein gilt im Judentum: Schwerkranke, Sterbende und Trauernde dürfen nicht allein gelassen werden. Krankenbesuch und -pflege wie auch die Teilnahme an Bestattungen gehören für Juden zu den Mizwot (Geboten).[106]

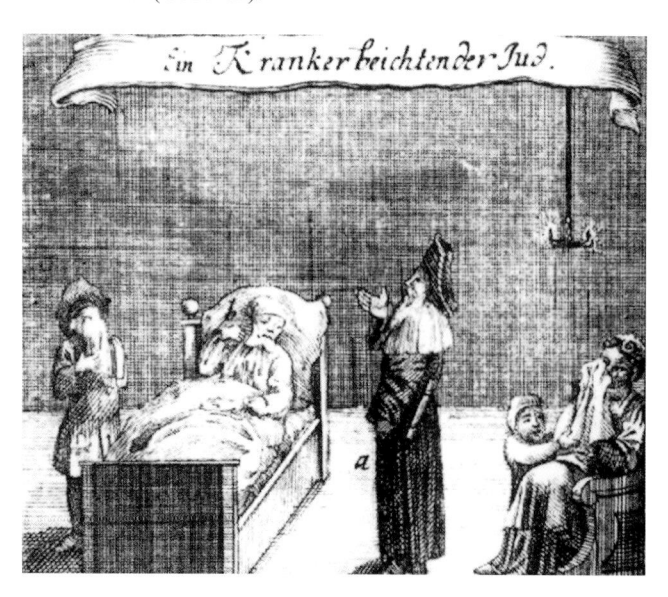

Ein schmerzloses Einschlafen in hohem Alter ist nach jüdischer Auffassung wünschenswert. *(„Sterben durch einen Kuss Gottes")*
Der Sterbende, der um seinen Tod weiß, schaut auf sein Leben zurück. Er versucht seine persönlichen Verhältnisse zu ordnen. Der Gedanke an Gott soll dabei seine Angst vor dem Tod überwinden.
Noch einmal segnet er seine Kinder. Dabei kann er ihnen die Hände auf den Kopf legen und sagen: *Gott lasse dich wie Ephraim und Manasse werden!* (zu Mädchen und Frauen: Wie Sara, Rebekka, Rahel und Lea!)
Der Herr segne und behüte dich. Der Herr lasse dir sein Antlitz leuchten und sei dir gnädig. Der Herr wende sein Antlitz dir zu und gebe dir Frieden.

Sterbende können mit dem Sündenbekenntnis aus der Liturgie des großen Versöhnungstages (Kol nidre = Alle Versprechen) oder anderen Gebeten auf den Tod vorbereitet werden.

„Höre, Israel, der Herr unser Gott ist einzig- Ich erkenne vor dir an, mein Gott, Gott meiner Väter, dass meine Genesung und mein Tod in deiner Hand liegen. Möge es dein Wille sein, dass ich völlig geheilt werde! Aber wenn ich sterben sollte, dann möge mein Tod die Sühne sein für alle Sünden, die ich begangen habe". Anwesende können anfügen: „Gelobt seist du, Herr unser Gott, König der Welt, du treuer Richter."

In einem älteren Sterbegebet heißt es:
„Ich danke dir, dass du mich ins Leben gerufen hast. Du hast mir eine Seele gegeben und für mein täglich Brot gesorgt. Nun kommt der Augenblick, da ich die Seele, die du mir gegeben hast, dir wiedergeben soll. Nimm du sie selbst von mir, wie mit Küssen deines Mundes, dass nicht der Todesengel mich quäle. Birg mich im Schatten deiner Flügel. Mag mein rückkehrender Sinn, mein bußfertiger Wille, mein Leiden und Todeskampf mir Entschuldigung bringen von allem Schlechten".

Während der letzen Lebensminuten wird der Sterbende nicht allein gelassen.[107]
Ist man der Meinung, dass der Tod eingetreten ist, legt man eine Flaumfeder auf die Oberlippe, um die Atmung zu überprüfen. Hat sie aufgehört, schließt man dem Toten die Augen. Die Anwesenden sprechen den Segen: *Baruch dajjan .... Gepriesen sei, der richtet in Wahrheit.*

Der Leichnam wird aus dem Bett gehoben und auf die Erde gebettet. Ein Kissen wird unter den Kopf gelegt, mit den Füßen in Richtung zur Türe, aus der er hinausgetragen werden soll. Arme und Füße werden gerade ausgerichtet, die Hände nicht gefaltet, sondern neben den Körper gelegt. Danach deckt man den Leichnam mit einem schwarzen Tuch zu. Eine Kerze wird angezündet und neben den Kopf gestellt.

Alle diese Dienste werden, soweit möglich, von Mitgliedern der Chewra Kaddischa, der Heiligen Bruderschaft, verrichtet, die es früher in jeder Gemeinde gab.

Traditionell werden im Trauerhaus Bilder und Spiegel umgedreht oder verhängt, um nicht in Gegenwart eines verfallenden menschlichen Körpers die Schönheit des Menschen zu betonen. Gelegentlich ist noch das Ausgießen alles gerade im Hause befindlichen Wassers üblich. Es dient vor allem der wortlosen Übermittlung der Todesnachricht an die Nachbarn.

Der Leichnam bleibt bis zum Begräbnis nicht allein. Immer sitzt jemand neben dem Toten (der Schomer, der „Wächter"). Er liest Psalmen oder Gebete.
In der heutigen Zeit, in der es Friedhöfe mit Leichenhallen gibt, sind Wächter nicht mehr erforderlich. Doch halten es manche Familien weiterhin für angemessen, den Toten nicht allein zu lassen.

Der Termin für die Beerdigung wird möglichst früh mit der Chewra Kaddischa abgestimmt. Einige Stunden nach dem Tode findet die „Tahara", die Reinigung des Leichnams, meist im Taharahaus des Friedhofs, statt. Dazu werden Verse aus den Psalmen bzw. dem Hohenlied gesprochen.

Die Tahara wird von den Männern oder den Frauen der Chewra Kaddischa (für einen Mann bestehend aus 10 Männern, für eine Frau aus 10 Frauen) oder erfahrenen Gemeindegliedern vorgenommen. Nach gewissen Regeln wird der Leichnam mit lauwarmem Wasser gewaschen, zuerst der Kopf zuletzt die Füße. Nur der Teil, den man im Augenblick reinigt, darf unbedeckt bleiben.

Der Verstorbene wird mit einem einfachen Gewand bekleidet, um im Tode keinen Unterschied zwischen arm und reich erkennen zu lassen. Die Sitte eines schlichten, weißen, handgefertigten Sterbekittels bzw. -kleides - Symbol von Würde und Reinheit - ohne Taschen, weil man nichts mitnehmen kann, hat sich erhalten. Ein Mann besitzt dieses Gewand seit seiner Hochzeit und trägt es an jedem Pessach- Sederabend, zu Neujahr und am Jom Kippur (dem großen Versöhnungstag).

Ein männlicher Toter erhält zudem den Tallit (seinen Gebetsschal) über das Leinen gelegt, von dem eine der vier Schaufadenecken abgeschnitten ist, Zeichen dafür, dass er nunmehr keine Mizwot (Gebote) mehr zu erfüllen braucht. Schließlich werden die Toten mit einem Tuch bedeckt.

Bis zur Beerdigung brauchen die nächsten Angehörigen (Ehepartner, Vater, Mutter, Bruder, Schwester, Sohn Tochter) - man nennt sie Onim – keine Gebete zu verrichten und keinen Segen zu sprechen. Sie essen kein Fleisch und trinken keinen Wein. Im Hause werden für sie niedrige Stühle aufgestellt. Nur der Schabbat oder ein hoher Festtag unterbricht die Trauer.[108]

b. Das Begräbnis

Die Beerdigungsfeier, „zidduq ha-din - Anerkennung des gerechten göttlichen Richterspruchs" findet statt, nachdem die Chewra das Grab ausgehoben hat.

In Israel bestattet man Tote, nur in ein Tuch gewickelt, auf einer Bahre aus Schilfgeflecht. In Europa/ Amerika geschieht es in einem einfachen Sarg. Er soll schmucklos und ohne Unterschied sein wie das Kleid des Toten.

Durch das Holz soll der natürliche Zerfall des Leichnams in Übereinstimmung mit der biblischen Anweisung erleichtert werden: *„Staub bist du, und zum Staub kehrst du zurück...!"* (1. Mose 3, 19).

Die Beerdigung fand früher - wie heute noch in Israel - am Todestag statt, jedoch nicht am Sabbat oder am Jom Kippur (Großer Versöhnungstag).

Aufgrund der Gesetze in den europäischen Staaten konnte an einer Beerdigung innerhalb von 24 Stunden nicht festgehalten werden. Doch bemüht man sich auch heute um einen frühen Beerdigungstermin, denn aus biblischer Sicht ist es eine Demütigung, jemanden unbestattet zu lassen (vgl. Jer. 8,1 f. u. ö.). Natürlich wartet man das Eintreffen anreisender Verwandter ab.

Der Leichnam wird nicht aufgebahrt, der Sarg sofort geschlossen. Den Trauernden soll die jähe Endgültigkeit des Todes bewusst werden. Der Sarg mit dem Toten wird nun an den „guten Ort", jiddisch: „Getort", den Friedhof, und damit in die Gemeinschaft der Väter und Mütter Israels gebracht.

Zur Teilnahme an der Beerdigung wird nicht besonders eingeladen. Alle, die den Verstorbenen gekannt haben, nehmen teil, um ihn zu ehren und die Trauernden zu trösten.

Die Begleitung des Toten ist wichtiger als die Befolgung anderer Gebote. Für die Teilnahme an einer Bestattung verlässt man seine Arbeit. Wer einem Leichenzug begegnet, soll ihn wenigstens „vier Ellen" begleiten.

Der Trauergottesdienst:

Die Bestattungszeremonie beginnt mit einem Gottesdienst in der Trauerhalle des Friedhofs.

Die Trauernden und alle, die an einer Beerdigung teilnehmen, tragen schwarze oder dunkle Kleidung. Dies ist wie im Christentum alte Tradition.

In der Bibel wird berichtet, dass Trauernde als äußeres Zeichen ihrer Trauer ihre Kleider zerreißen. So zerreißt Jakob sein Gewand aus Trauer über seinen totgeglaubten Sohn Joseph (Gen 37,34). Daraus entstand die Tradition der Keria („Riß").

Ein Trauernder (jemand, der einen Elternteil, den Ehepartner, einen Bruder, eine Schwester oder ein Kind verloren hat) macht kurz vor der Beerdigung einen symbolischen Riss von wenigen Zentimetern in seine Kleidung als Zeichen für den Riß in seiner Seele. Die Kleidung wird dazu vorher mit einem Messer eingeschnitten und dann ca. 8 cm aufgerissen.

Zu Beginn werden Psalmen und Gebete gesprochen: z.B. das „*El male rachamim* " („Gott, voller Barmherzigkeit") – ein Gebet für das Heil der Toten - oder das „ *Zidduk ha-Din*" (Lob des gerechten und in seinem Tun vollkommenen Felsens). Dieses Gebet aus talmudischer Zeit betont die Nichtigkeit des Menschen verglichen mit der Majestät Gottes. Es basiert auf Dt 32,4; 1. Sam 2,6; Psalm 119 und Jer 32,19. Der Trauernde erklärt, dass er das Urteil Gottes annimmt:

Der Fels, vollkommen ist sein Tun, denn alle seine Wege sind gerecht, er ist der Gott der Treue ohne Fehl, er ist gerecht und gerade ....

Du bist gerecht, Ewiger, zu töten und zu beleben, in deiner Hand sind alle Seelen aufbewahrt, fern sei es von dir, unser Andenken auszulöschen, mögen doch deine Augen voll Erbarmen über uns wachen, denn bei dir, oh Herr, ist die Vergebung und das Erbarmen.....

Die Seele alles Lebenden ist in deiner Hand, Gerechtigkeit erfüllt deine Hände,...

Der Ewige hat gegeben, der Ewige hat genommen, der Name des Ewigen sei gepriesen. Der Barmherzige sühnt die Schuld und vertilgt nicht, er nimmt immer wieder seinen Zorn zurück und erweckt nicht seinen ganzen Grimm.

In einem Gebet aus unserer Zeit heißt es: *Gott, du bist unsere Stärke. Hilf uns in unserer Schwachheit. Tröste uns in unserem Kummer. Gib uns Orientierung in unserer Fassungslosigkeit. Ohne dich ist unser Leben nichts. Aber mit dir haben wir die Fülle des Lebens bis in Ewigkeit.*

Der Rabbiner, der Prediger oder Kantor kann nun eine kurze Trauerrede halten.

Tenor der Ansprache: Wir teilen den Tod mit allen, die gelebt haben und mit allen, die leben werden. Der Staub kehrt zum Staub zurück, doch die Seele kehrt zurück zu Gott, der sie gegeben hat. Alle Seelen sind geborgen in seiner Hand. Gott ist treu. Er erlöst uns von der Vernichtung und führt uns den Weg zum ewigen Leben.

Nach orthodoxer Ansicht ist es einem Kohen (Nachkommen der Priesterfamilie) verboten, sich einem Sarg zu nähern. Er darf sich nur dann einem Grab nähern, wenn es sich um einen unmittelbaren Angehörigen handelt. Dies wird mit der biblischen Anweisung begründet, die den Tempelpriestern verbot, mit einem toten Körper in Berührung zu kommen. (Levitikus 21,2-4). So gibt es auf manchen Friedhöfen Nebeneingänge für die Kohanim.

Der Trauergottesdienst schließt mit der Rezitation des Kaddisch, dem alten jüdischen Gebet. Es wird von dem nächsten Angehörigen des Verstorbenen gesprochen:
„Erhoben und geheiligt werde sein großer Name in der Welt, die er nach seinem Willen erschaffen hat.
Er lasse sein Reich erstehen in eurem Leben und in euren Tagen
und in dem Leben des ganzen Hauses Israel schnell und in naher Zeit.
Darauf spricht: Amen!
Sein großer Name sei gepriesen in Ewigkeit und in Ewigkeit der Ewigkeiten!
Gepriesen und gelobt, verherrlicht und erhoben, erhöht und gefeiert,
hocherhaben und bejubelt werden der Name des Heiligen, er sei gepriesen,
der erhaben ist über jeden Lob und Gesang, Verherrlichung und Trostverheißung,
die je in der Welt gesprochen wurde.
Darauf spricht: Amen!
Des Friedens Fülle und Leben möge vom Himmel herab uns und ganz Israel zuteil werden.
Darauf spricht: Amen!
Der Frieden stiftet in Seinen Höhen, gebe auch uns Frieden und ganz Israel.
Darauf spricht: Amen!

Mitglieder der Chewra Kaddischa oder Freunde des/der Verstorbenen tragen den Sarg zum Grab. Dies ist ein Zeichen der Barmherzigkeit und Verbundenheit. Auf dem Wege wird der Psalm 91 gesprochen, der beschreibt, wie das Vertrauen zu Gott Angst überwindet.
Dabei wir der Sarg siebenmal abgesetzt. Die Beschwernis des letzten Ganges (auch die Schwere des Todeskampfes, den jeder Mensch durchmachen muss) wird dargestellt.

Am Grab:
Ein Mitglied der Chewra steigt ins Grab und prüft, ob es für die Beerdigung bereit ist.
Der Sarg wird herabgelassen. Dabei kann gesagt werden: *„Lass ihn in Frieden ruhen!"*
Die Chewra und die Trauergemeinde schaufeln das Grab zu.
Es ist für alle, die an der Beerdigung teilnehmen, der letzte Dienst, ein Zeichen des Respekts und ein wichtiger Abschnitt im Trauerprozess. Die Angehörigen stehen dabei abseits.
In der Regel wird nun Psalm 16 rezitiert : *Behüte mich, Gott, ich nehme zu dir meine Zuflucht.*
Drum freut sich mein Herz, es frohlockt meine Seele, und auch mein Leib wird ruhen in Frieden.
Denn nicht dem Totenreiche gibst du meine Seele anheim, deinen Heiligen lässt du nicht schauen die Grube. Den Weg des Lebens weisest du mich, vor deinem Angesicht die Fülle der Freude, Wonne zu deiner Rechten auf ewig.
Danach folgen Fürbitten für den Verstorbenen. Man spricht: *„Möge er/ sie zu seinem/ihrem Ort in Frieden gelangen!"* Schließlich ein Gebet, das mit dem Zitat aus Gen 3 endet: *„Staub bist du und zum Staub kehrst du zurück."*
In manchen Gemeinden wird noch das Zitat aus Hiob 1,21 gesprochen: *„Der Herr hat es gegeben, der Herr hat es genommen..."*

Außerhalb des heiligen Landes ist es Brauch, ein Säckchen Erde von dort (vom Ölberg) ins Grab mitzugeben, um die Verbundenheit mit dem verheißenen Land, wo ja auch die Auferstehung der Toten anheben soll, zu zeigen.

Wenn der Sarg ganz mit Erde bedeckt ist, spricht einer der Hinterbliebenen das „Kaddisch der Trauernden" (Kaddisch jatom) für den Toten.

Die beiden Bitten um den Frieden, die beim normalen Kaddisch gesprochen werden, fallen fort. Ein Zusatz, der die Auferstehungshoffnung besonders zum Ausdruck bringt, wird hinzugefügt. Der Zusatz lautet:

„*Erhoben und geheiligt werde sein großer Name in der Welt, die erneuert werden wird, wo Er die Toten wiederbeleben und sie zum ewigen Leben führen wird, und wenn Er die Stadt Jerusalem (wieder) aufbauen und seinen Tempel in ihrer Mitte aufrichten wird und allen Götzendienst von der Erde ausrotten und den wahren Gottesdienst an seine Stelle wieder einsetzen wird und wenn der Heilige, sein Name sei gepriesen, sein Reich und seine Herrlichkeit kommen lässt. Möge das in eurem Leben und in euren Tagen sein und in dem Leben des ganzen Hauses Israel schnell und in naher Zeit. Darauf spricht: Amen!*

Ein Mitglied der Chewra oder ein Freund des Verstorbenen spricht zum Abschluss das Gebet *El Malei Rachamim... Gott voll Erbarmen*:
Gott voll Erbarmen, der in den Höhen weilt, verleihe vollkommene Ruhe, zusammen mit Reinen und Heiligen, dem Glanz des Himmels gleichend, der Seele des/der _____ , der/die dahingegangen ist. Denn ich gelobe Almosen für einen wohltätigen Zweck zum Verdienst seiner/ihrer Seele, die im Gan (Garten) *Eden ihre Ruhe finden möge. Möge der barmherzige Gott sie für ewig unter seine Fittiche nehmen und sie zum ewigen Leben binden, als sein Erbe, und möge er/sie in Frieden ruhen. Darauf lasst uns sprechen: Amen*

Danach bildet man Spalier aus zwei Reihen, zwischen denen die Trauernden hindurchgehen. Man spricht ihnen zu: *Der Allgegenwärtige tröste Dich (Euch) inmitten der übrigen, die um Zion und Jerusalem trauern.*

Traditionell wird beim Verlassen des Friedhofs eine Handvoll Gras gepflückt, das man hinter sich wirft mit dem Vers aus Psalm 103,14: „*Er denkt daran, dass wir Staub sind* " Damit wird noch einmal die Vergänglichkeit des Irdischen ausgedrückt. [109]

Schließlich stehen beim Verlassen des Friedhofs Schüsseln mit Wasser bereit. Wer möchte, kann sich die Hände waschen. Diese Handlung symbolisiert die Reinigung von Traurigkeit und die Rückkehr ins alltägliche Leben.

Beim Waschen der Hände und beim Verlassen des Friedhofs kann gesagt werden:
Er vernichtet den Tod in Ewigkeit, und der Ewige, Gott, wischt die Träne von jedem Angesichte, und die Schmach seines Volkes entfernt er von der ganzen Erde, denn der Ewige hat gesprochen.
Jesaja 25,8

Das Grab gehört dem Toten (vgl. l. Mose 23), die Totenruhe zu stören, gilt als Sakrileg. Exhumierung oder die Auflassung eines Grabes sind nur in Ausnahmefällen möglich.

Freunde und Nachbarn bereiten für die Angehörigen nach dem Begräbnis ein Stärkungsmahl mit einem Glas Wein („Becher der Stärkung"). Zu dieser Mahlzeit gehören hartgekochte Eier, die das Leben symbolisieren. Freunde und Verwandte zeigen mit ihrer Teilnahme ihr Mitgefühl.

c. Die Trauerphasen

Schon die Hebräische Bibel (Altes Testament) kennt bestimmte Totenbräuche und Zeiten. Abraham beklagte seine Frau (Gen 23,1); Jakob zerriss sein Gewand, trug Sackleinen und trauerte viele Tage (Gen 37) ; als Mose starb, trauerte Israel 30 Tage.

Im Anschluss an diese Stellen besteht der Trauerprozess aus **vier Phasen** mit abnehmender Intensität. Sie leiten die Trauernden vom ersten Moment des Schmerzes allmählich ins Alltagsleben zurück.

Mit der Feststellung des Todes beginnt für die engsten Angehörigen die erste Phase der Trauerzeit, und zwar bis zum Begräbnis **die Aninut**, der Zustand des spontanen, ungehemmten Schmerzes.

Die „heilige Gemeinschaft", die Chewra Kaddischa, die sich in der Tradition Abrahams sieht (1. Mose 23,9) (ab 16. Jahrhundert in Prag belegt, in Deutschland vom 17. Jahrhundert an) nimmt sich gleichermaßen der Krankenpflege wie der Fürsorge für Verstorbene und Hinterbliebene an. Oft gehören zu ihr die Würdigsten der Gemeinde, die diesen Dienst einschließlich der Organisation der Beerdigung mit Ausheben und Zuschütten des Grabes freiwillig und unentgeltlich tun und dadurch die Trauernden wesentlich entlasten.

Die Trauerwoche (Schiwa: sieben Tage) (vgl. Hi 2,13) beginnt gleich nach der Beerdigung.

Der Ausdruck „Schiwa sitzen" kommt daher, dass man während der ersten sieben Tage zu Hause trauert. Man sitzt auf der Erde oder auf niedrigen harten Schemeln. Diese Haltung symbolisiert den Schmerz, der niederdrückt. Nur wer alt und sehr gebrechlich ist, kann sich ein Kissen unterlegen.

Man arbeitet nicht in diesen sieben Tagen. Bei Geschäftsinhabern war es früher üblich, das Geschäft geschlossen zu halten. Man liest aus der Heiligen Schrift, aus dem Buch Hiob oder aus den düsteren Kapiteln des Jeremia. Man trägt keine ledernen Schuhe und geht nicht aus. Wenn Besucher kommen, - es ist eine Mizwa (Pflicht), Trauernde zu besuchen - bleibt man auf seinem niederen Sitz.

Während der Schiwa ist es wichtig, dass die Besucher nicht nur mit den anderen Anwesenden reden, sondern vor allem mit den Trauernden, um sie zu trösten. Wenn sie keine Worte finden, ist es besser, schweigend bei den Trauernden zu sein, als sie alleine zu lassen. Oft bringen die Besucher auch Lebensmittel mit, so dass die Trauernden nicht einkaufen und zu kochen brauchen. Während dieser Zeit brennt eine Kerze (Seelenlicht) im Hause.

Soweit möglich, findet sich jeden Tag morgens und abends ein Minjan (zehn Männer) zu einer kurzen Andacht im Trauerhaus ein. Dabei betet einer der Trauernden, etwa der Sohn des Verstorbenen, vor. Für diese Andacht gibt es ein spezielles Gedenkgebet:

Ewiger, unser Gott, Quelle allen Seins und Ursprung allen Lebens, was können wir dir sagen, wo du doch alle Dinge siehst und weißt?

In deiner Weisheit hast du das All gebildet und in deiner Liebe versorgst du alle Geschöpfe. Wir können nichts anderes tun, als deine Macht anzuerkennen, deine Gaben in Dankbarkeit annehmen und dir nach deinem Willen zurückgeben, was dir gehört.

Ewiger, unser Gott, lass das Licht deiner Gegenwart über uns leuchten, während wir uns hier versammeln. Wir beklagen den Verlust von ..., den / die du zu dir gerufen hast. Nimm in deiner großen Barmherzigkeit dieses irdische Leben an, das nun zu Ende gegangen ist. Birg diese Seele, die uns kostbar war, in deiner zärtlichen Fürsorge.

Die Schiwa (Trauerwoche) wird durch den Sabbat unterbrochen. Die Trauernden gehen am Freitagabend in die Synagoge. Zu Beginn des Gottesdienstes, wenn nach der letzten Strophe des „Lecha dodi......" („Komm, mein Freund, wir wollen den Sabbat empfangen...") die Gemeinde sich singend zur Tür umkehrt, geleitet der Rabbiner oder Vorbeter die Trauernden zum Zeichen der Teilnahme an ihrem Kummer, der nun am Sabbat zur Ruhe kommt, zu ihrem Sitz.

Ein großer Festtag hebt die Schiwa vollständig auf. Alle diese Vorschriften bekunden das Vorrecht des Lebens über den Tod, der Freude über die Trauer. [110]

Am ersten Sabbat nach Beendigung der Trauerwoche warten die Trauernden im Vorraum der Synagoge, bis die Gemeinde den Kabbalat-Schabbat-Gesang (Einholung des Sabbats) beendet hat. Sie werden mit den Worten empfangen: *„Möge der Herr euch trösten inmitten (all) derer, die um Zion und Jerusalem trauern«*.

Trauermonat: Scheloschim - die dreißig Tage

Auf die intensive Schiwa-Zeit, aber ebenfalls vom Todestag an gezählt, folgen 30 Tage abgeschwächter Trauer (Scheloschim - „ dreißig"). Beim Verlust von Vater oder Mutter wird diese Trauerphase auf ein ganzes Jahr ausgedehnt.

Der Trauernde arbeitet wieder, legt sich aber bestimmte Einschränkungen auf: So nimmt er in dieser Zeit nicht an festlichen Anlässen (Hochzeiten, Tanz, u.a.) teil. Er trägt dezente, nicht unbedingt schwarze Kleidung. Studieren der Tora und der Mischnajot (Gebote) hat in dieser Zeit eine besondere Bedeutung. Einige folgen der Tradition und lassen als ein äußeres Zeichen ihres Verlustes ihren Bart wachsen. In der Regel geht man erst nach Ablauf jener 30 Tage wieder zum Grab.[111]

Jahrzeit: Awelut - das Trauerjahr

Die vierte Trauerphase, **Awelut,** wird nur für die Eltern gehalten. Das deutsche Wort „Jahrzeit" ist als Begriff in die hebräische Sprache eingegangen.

Awelut endet nach dem Ablauf von zwölf jüdischen Monaten vom Todestag an gerechnet. Während dieser Zeit sollte man an keinen Festlichkeiten (Konzerten, Theateraufführungen, Festmählern mit Musik usw.) teilnehmen. Vom Tag der Beerdigung an ist es üblich, dass ein Sohn den Rest des ersten Jahres, 11 Monate lang, jede Woche im Schabbatgottesdienst für den Verstorbenen Kaddisch sagt.

Nach Ablauf des Awelut darf man seine Trauer öffentlich nicht mehr zur Schau stellen.
Nach einem Jahr, am Datum des Todestages (Jahrzeit), wird - ein wahrscheinlich von deutschen Juden eingeführter Brauch - durch Gebet und Grabbesuch des Verstorbenen gedacht. Auch ist es üblich, dass die Trauernden am Abend zuhause eine Gedächtniskerze anzünden. Grundlage dafür ist Sprüche 20,27: *„Ein Licht Gottes ist des Menschen Seele. "*
Im Gebetbuch findet sich dazu dieses Gebet:
Ich denke heute an ..., die in die Ewigkeit eingegangen ist, und halte ihre Erinnerung in Ehren. So wie dieses Licht rein und klar brennt, so möge die Erinnerung an ihre Güte in meinem Herzen scheinen und mich stärken, dass ich nach deinem Willen, Gott, handle. Amen.

Steinsetzung:
Die Sitte, über dem Grab einen Stein zu errichten, wird auf Genesis 35,19-20 zurückgeführt: *„Rachel starb und wurde auf dem Wege nach Ephrata, d.h. Bethlehem, begraben. Jakob errichtete einen Gedenkstein auf ihrem Grabe. Es ist der Denkstein auf dem Rachelgrabe bis auf den heutigen Tag."*
Ein Grabstein hatte ursprünglich wohl den Zweck, das Grab vor wilden Tieren zu schützen. Später diente er dazu, an das Leben der verstorbenen Person zu erinnern. Der Text auf den Steinen ist je nach individuellem Wunsch unterschiedlich. Jedoch enthält er immer den Namen des Verstorbenen, das Todesdatum oder das Alter.
Der Grabstein wurde früher meist zur „Jahrzeit" aufgestellt, d.h. am Ende des Trauerjahres. Heute wird er meist schon nach einigen Wochen gesetzt.

Die Steinsetzung kann mit einer kurzen Andacht verbunden werden. Dabei können folgende Worte gesprochen werden:
Möge dieser Stein alle, die sich in der Zukunft um ihn versammeln, an die Liebe und Zuneigung erinnern, die nie verlöscht. Möge er ihre Verbundenheit zu ihren Familien stärken. Mögen sich alle, die diesen Stein sehen, nicht nur an den Toten erinnern, sondern ebenso an dich, Gott allen Lebens. Du bist bei ihnen in ihrem Schmerz. Mögen sie dich in allen Prüfungen und Versuchungen dieser Welt nicht vergessen. Lehre sie, dass die Liebe niemals stirbt und dass der Tod für immer vom ewigen Leben verschlungen wird. Gott, wir vertrauen auf dich.

In jedem Jahr zur Jahrzeit sagen die nächsten Angehörigen im Gedenken an die verstorbene Person Kaddisch. Zu besonderen Gelegenheiten, z.B. kurz vor den Hohen Feiertagen, am Geburtstag des Verstorbenen, am Hochzeitstag oder zur Jahrzeit besuchen sie die Gräber.
Dabei kann beim Verlassen des Friedhofs Jesaja 25,8 gesagt werden: *„Er beseitigt den Tod für immer. Gott, der Ewige, wischt die Tränen ab von jedem Gesicht. Auf der ganzen Erde nimmt er von seinem Volk die Schande weg, denn so hat der Ewige gesprochen."*
Beim Grabbesuch legen manche Trauernde Steine auf den Grabstein zum Zeichen, dass man den Toten (die Tote) nicht vergessen hat. So befindet sich auf dem Dinslakener Friedhof eine Schale mit Kieselsteinen, die beim Grabbesuch auf die Steine gelegt werden können.

5. Anhang

Das Kaddisch קדיש

Das Kaddisch ist wohl das bekannteste jüdische Gebet. Nichtjuden bezeichnen es oft als „Totengebet". Ursprünglich diente dieses aramäisch gehaltene Gebet als Schlussgebet für einen geistlichen Vortrag.
Das ganze Gebet durchdringt eine tiefe Zuversicht. Sie ist ausgerichtet auf das Ziel: Die Heiligung des Namens und die Aufrichtung der Herrschaft Gottes auf Erden. (Hier werden Anklänge an das christliche Vaterunser erkennbar: Geheiligt werde Dein Name......Dein Reich komme...Dein Wille geschehe....) Alle Widerwärtigkeiten werden dieses Ziel nicht aufhalten. So hat dieses Gebet das jüdische Volk immer wieder in Verfolgungszeiten gestärkt.
Das Kaddisch kann nur in der Gegenwart eines Minjan gesprochen werden, das heißt, in der Gegenwart von zehn Männern (in nicht-orthodoxen Gemeinden: Männern und Frauen)[113]. Es wird auch stellvertretend für Verstorbene gesprochen, um sich an sie zu erinnern.

יִתְגַּדַּל וְיִתְקַדַּשׁ שְׁמֵהּ רַבָּא. בְּעָלְמָא דִּי בְרָא כִרְעוּתֵהּ,
וְיַמְלִיךְ מַלְכוּתֵהּ בְּחַיֵּיכוֹן וּבְיוֹמֵיכוֹן וּבְחַיֵּי דְכָל בֵּית יִשְׂרָאֵל
בַּעֲגָלָא וּבִזְמַן קָרִיב. וְאִמְרוּ אָמֵן.

יְהֵא שְׁמֵהּ רַבָּא מְבָרַךְ לְעָלַם וּלְעָלְמֵי עָלְמַיָּא.

יִתְבָּרַךְ וְיִשְׁתַּבַּח וְיִתְפָּאַר וְיִתְרוֹמַם וְיִתְנַשֵּׂא וְיִתְהַדָּר
וְיִתְעַלֶּה וְיִתְהַלָּל שְׁמֵהּ דְּקֻדְשָׁא בְּרִיךְ הוּא, לְעֵלָּא מִן כָּל
בִּרְכָתָא וְשִׁירָתָא, תֻּשְׁבְּחָתָא וְנֶחֱמָתָא דַּאֲמִירָן בְּעָלְמָא,
וְאִמְרוּ אָמֵן.

יְהֵא שְׁלָמָא רַבָּא מִן שְׁמַיָּא וְחַיִּים עָלֵינוּ וְעַל כָּל יִשְׂרָאֵל,
וְאִמְרוּ אָמֵן.

עֹשֶׂה שָׁלוֹם בִּמְרוֹמָיו, הוּא יַעֲשֶׂה בְּרַחֲמָיו שָׁלוֹם עָלֵינוּ
וְעַל כָּל יִשְׂרָאֵל, וְאִמְרוּ אָמֵן.

Jitgadal vejitkadasch sch`mei rabah.(Gemeinde:Amen) B´allma di v`ra chir`usei v`jamlich malchusei,b`chjeichon,uv`jomeichon,uv`chjei dechol beit Jisroel ,ba`agal u`vizman kariv,v`imru : Amein.

(Gemeinde: Amein. Je`hei sch`mei raba m`vorach l`allam u`l`allmei allmaja)
J`hei sch`mei raba m`vorach,l`allam, u`l`allmei allmaja.

Jitbarach ,ve jischtabach ve jispaar, ve jisromam, ve jisnasei, ve jishadar, ve jishadar, ve jisaleih, ve jishalal schemeih d`kudschah b`rich hu (Gem.: B`rich hu)
Le eihlah min kol Bir`chasah ve schiratah tuschbechatah ve nechematah, de ami`ran Be`allmaja, v`imru:Amein (Gem.: Amein)

Je heih schlahmah rabbah min schmajah,ve chjim aleinu ve al kol jisroel v`imru:Amein (Gem.: Amein)
[*Der Betende macht drei Schritte zurück, beugt sich nach links und sagt* Oseh, *beugt sich nach rechts und sagt* `hu b`rachamah ja`aseh; *und beugt sich nach vorn und sagt* Ve al kol jisroel v`imru :Amein.]

Erhoben und geheiligt werde sein großer Name auf der Welt, die nach seinem Willen von Ihm erschaffen wurde- sein Reich soll in eurem Leben in den eurigen Tagen und im Leben des ganzen Hauses Israel schnell und in nächster Zeit erstehen. Und wir sprechen : Amein!

Sein großer Name sei gepriesen in Ewigkeit und Ewigkeit der Ewigkeiten.

Gepriesen sei und gerühmt, verherrlicht, erhoben, erhöht, gefeiert, hocherhoben und gepriesen sei Name des Heiligen, gelobt sei er, hoch über jedem Lob und Gesang, Verherrlichung und Trostverheißung, die je in der Welt gesprochen wurde, sprechet Amein!

Fülle des Friedens und Leben möge vom Himmel herab uns und ganz Israel zuteil werden, sprechet Amein.

Oseh schalom bim`ro`mav, hu b`rachamah ja`aseh schalom aleinu, ve al kol jisroel v`imru :Amein (Gem.: Amein)	Der Frieden stiftet in seinen Himmelshöhen, stifte Frieden unter uns und ganz Israel, sprechet Amein.

Das jüdische Jahr

Die Jüdische Zeitrechnung beginnt mit der Erschaffung der Welt, die im Jahr 3760 vor unserer Zeitrechnung stattgefunden haben soll. Zu diesem Ergebnis kam man auf Grund der in der Bibel enthaltenen Genealogien und Lebensjahre, die man bis auf Adam zurückrechnete.
Das Jahr 1240 war demnach das Jahr 5000 nach Erschaffung der Welt. Daten in Grabinschriften gehen nun von diesem Jahr aus, zählen also die Jahre nach 5000 bzw. 1240 christlicher Zeitrechnung. Diese Angaben werden als kleine Zählung bezeichnet. [114]

Das jüdische Jahr ist eine Kombination aus Mond- und Sonnenjahr (Lunisolarjahr). Die Monate werden nach dem Mond, die Jahre nach der Sonne berechnet. Jeder Monat beginnt mit dem Neumond. Zwischen den Neumonden liegt eine Zeit von etwa 29 ½ Tagen. So haben die jüdischen Monate im Wechsel 29 bzw. 30 Tage. Da sich aber die jüdischen Feste an den Kreislauf der Natur anlehnen, müssen sie in jedem Jahr zur gleichen Zeit gefeiert werden (z.B. Pesach am 15. Nissan – Anfang der Gerstenernte). Deswegen hat man nach einem bestimmten System (alle zwei bzw. drei Jahre) einen Schaltmonat eingeschoben, den zweiten Adar. In 19 Jahren wird sieben mal nach dem Monat Adar der zweite Adar eingefügt.
Im Unterschied zum Judentum kennt der Islam nur das reine Mondjahr. Deswegen wandert z. B. der Fastenmonat Ramadan durch das ganze Jahr.
Im jüdischen Kalender besteht die Woche ebenfalls aus sieben Tagen. Sie tragen keine Namen, sondern werden mit Ordinalzahlen bezeichnet. Nur der siebente Tag der Woche hat einen Namen: Er ist der Ruhetag, der Sabbat. Der sechste Tag (Freitag) wird in Grabinschriften aber meist als „Vorabend des heiligen Sabbat" bezeichnet.

Nach jüdischem (wie dann auch christlichem Verständnis) beginnt der Tag mit dem Abend (nach Sonnenuntergang) und endet am darauffolgenden Abend. Dadurch kann es in Grabinschriften zu Datumsdifferenzen kommen.

Daten auf jüdischen Grabinschriften können auch durch die Fest- und Feiertage oder die Neumondtage wiedergegeben werden. So auf einigen Grabsteinen des Dinslakener Friedhofs.

Bei näherer Betrachtung des jüdischen Jahres wird deutlich, dass sich viele christliche Feiertage an jüdischen orientieren. Die Osterzeit liegt in der Nähe des Pessach. Das Abendmahl, das Jesus am Gründonnerstag mit seinen Jüngern feierte, war das Sedermahl zu Beginn des Pessach. Eine Entsprechung gibt es zwischen Pfingsten und Schawuoth zwischen Erntedank und Sukkoth. Die Sitte, Adventkerzen zu entzünden, hat eine Entsprechung im Brauchtum des Chanukka-Festes.

Die Namen der Monate des jüdischen Kalenders:

1. **Tischri** (September-Oktober) 30 Tage
    1.-2. Tischri: *Rosch Haschana / Neujahr*
    10. Tischri: *Jom Kippur / Versöhnungstag*
    15. - 23. Tischri: *Sukkot / Laubhütten*

2. **Marcheschwan** (Oktober-November) 29 bzw. 30 Tage

3. **Kislew** (November-Dezember) 30 bzw. 29 Tage   / 25. Kislew: *Chanukka* (8 Tage)

4. **Tewet** (Dezember-Januar) 29 Tage

5. **Schwat** (Januar-Februar) 30 Tage

6. **Adar** (Februar-März) 29 Tage   /   14. Adar: *Purim / (Esther)*

[**Adar II** (im Schaltjahr) (März-April)]

7. **Nissan** (März-April) 30 Tage   /   15. – 22. Nissan: *Pessach*

8. **Ijjar** (April-Mai) 29 Tage

9. **Siwan** (Mai-Juni) 30 Tage   /   6./ 7. Sivan: *Schawuot*

10. **Tammus** (Juni-Juli) 29 Tage

11. **Aw** (Juli-August) 30 Tage

12. **Elul** (August-September) 29 Tage

Anmerkungen:

[1] Im Memorbuch der jüdischen Gemeinde Nürnberg werden Opfer der Pogrome vom Niederrhein genannt. Baer, S.3f

Das Nürnberger Memorbuch, in hebräischer Sprache geschrieben, wurde 1298 begonnen. Es berichtet von über 300 Gemeindegliedern, die bei den Pogromen 1348/50 „erschlagen, ertränkt, verbrannt, gehängt, vertilgt" wurden, „wegen der Heiligung des göttlichen Namens". Dabei werden die Namen und der Herkunftsort der Opfer genannt, u.a. Dinslaken. Das Nürnberger Memorbuch ist erhalten und befindet sich heute in Mainz.
Näheres dazu: Martyrologium des Nürnberger Memorbuches, hrsg. von Siegmund Salfeld: Quellen zur Geschichte der Juden in Deutschland, Bd. 3, Berlin 1898

Die "Memorbücher" sind ein wichtiges Zeugnis jüdischen Gedenkens und eine reiche Quelle jüdischer Gemeinde- und Kulturgeschichte. Sie enthalten Gebete für die Märtyrer mittelalterlicher und späterer Verfolgungen sowie berühmter Gelehrter, Eulogien für die Mitglieder der Gemeinde und Gebete, die nach der Schabbat-Lesung von Thora und Haftara rezitiert wurden. Ein jüdisches Wort sagt über die Memorbücher: „ Da ist ein Auge, das sieht, ein Ohr, das hört, und ein Buch, in dem alles festgehalten ist."

[2] Baer, S. 6

[3] Graf Johann war der jüngste Sohn des Grafen Dietrich VII von Kleve. Er folgte seinem älteren Bruder Dietrich VIII als Graf von Kleve. Er war verheiratet mit Mechthild von Geldern und griff in die verheerenden Bruderkriege in Geldern ein.

[4] Baer, S. 7/ HSTD; AIII 10, fol 2 und 27

[5] Baer, S. 7 / Stampfuß/Triller, S. 52
Bereits seit der Karolingerzeit standen Juden unter dem besonderen Schutz des Königs, der es ihnen erlaubte, gegen die Zahlung bestimmter Schutzgelder nach ihrer Glaubensüberzeugung und nach ihrem eigenen Recht zu leben. Seit dem 14.Jahrhundert (Goldene Bulle 1356) war es dann den fürstlichen Landesherren überlassen, durch Einzelprivilegien wie auch im Wege der Gesetzgebung den Judenschutz in ihren Territorien auszuüben. Der kaiserliche Judenschutz blieb vor allem auf die Juden in den Reichsstädten beschränkt.
Auch Schutzjuden galten nicht als Bürger. Sie waren beruflich auf den Geldverleih, den Kleinhandel und das Schlachten festgelegt. In größeren Städten lebten sie in Ghettos ("Judengassen").

[6] Dieser Schutzbrief wird ausführlich behandelt bei Baer, S. 7f
Die Schutzbriefe von 1361 und 1366 befinden sich im Hauptstaatsarchiv Düsseldorf unter Reg. Cliv. B. fol 12 v und C. fol. 86 v. ;
Der Schutzbrief des Vaters Vivus Lyefman (Lifmann) von 1370 findet sich unter E fol. 13
vgl. auch: Ilgen: Die wiedergefundenen Registerbücher der Grafen und Herzöge von Kleve-Mark (Mitteilungen der königlich preußischen Archivverwaltung, Nr. 14)

[6a] Zimmermann, S. 91

[7] Baer, S. 6, Anm. 25 / Stampfuß/Triller, S. 52

[8] Wilmsen, S.71 / Tohermes/ Grafen, S. 11f

[9] Tohermes/ Grafen, S. 12
Nach dem Aussterben des Klevischen Herzogshauses im Jahre 1609 wurde Kleve und Mark unter eine Gemeinschaftsregierung von Brandenburg und Pfalz Neuburg gestellt. Endgültig kam Dinslaken am 13. September 1667 unter brandenburgische Herrschaft. Vor dem Kastell huldigten die Vertreter der Stadt dem brandenburgischen Herrscher. (Ausführlich dazu: Stampfuß/ Triller, S. 174).
Der Statthalter Johann Moritz von Nassau war Freund und Vertrauter des Großen Kurfürsten

[10] Tohermes/Grafen, S. 12 / Zimmermann, S. . 122

[10a] Zimmermann, S. 123 und 124

[11] Brocke/Mirbach, Grenzsteine des Lebens, S. 28-30

[12] 1681; 1684; 1687 / Urkunden darüber im Stadtarchiv / Stampfuß/ Triller , S. 252

[13] Stadtarchiv / Stampfuß/Triller, S. 252

[14] Liste über die Zahl der jüdischen Familien in den Orten des Herzogtums Kleve in den Jahren 1661- 1787 bei Baer, S. 54 /55

[15] Tohermes/Grafen, S. 13; s. auch Stampfuß/Triller, S. 261

[16] Baer, S. 45

[16a] Der König brauchte die Juden, um durch deren Abgaben die Wirtschaft zu fördern. Trotz seiner aufklärerischen Grundeinstellung aber blieb er bei seiner Abneigung gegen die Juden als einer primitiven, abergläubischen Sekte.

[17] Baer, S. 49 (Zimmermann, S. 94)

[18] Prieur, S.41ff / Das Judenreglement von 1730 bzw. 1750 blieb bis 1809 (Napoleon), bzw. bis 1812 in Kraft.

[18a] Zimmermann., S. 139

[19] Prieur, S. 48

[19a] Zimmermann, S. 142

[19b] Zimmermann, S. 159

[20] Prieur, S. 50

[20a] Zimmermann, S. 145

[21] Stampfuß/ Triller, S. 261 / Stampfuß/Triller , S. 501f
In der Einwohnerliste von 1858 finden sich die Namen der 128 jüdischen Bürger mit Angaben zu Familienstand, Kindern und Berufen/   abgedruckt bei Stampfuß/ Triller, S. 637ff

[22] Baer, S. 54/55; Stampfuß, S. 637ff

[23] Stampfuß/ Triller , S. 252f ; darüber ausführlich Tohermes/ Grafen, S. 13f

[24] Stadtarchiv / Ausführlich: Tohermes, S. 64ff
Dr. Rothschild und seine Frau waren am 10. November 1938 nicht in Dinslaken. Das Kuratorium   des Waisenhauses hatte ihnen zum 25-jährigen Dienstjubiläum eine Reise nach Israel geschenkt.

[24a] Zimmermann, S. 223
Ab 1925 wurde im preußischen Staatshaushalt wie für die beiden Kirchen ein Posten für die jüdische Religionsgemeinschaft ausgewiesen. Zimmermann, S. 172

[25] Tohermes, S. 64

[25a] Fred Spiegel, S. 27f

[26] Ruben Kahana, Israel, Brief vom 6.5.1986
Stampfuß, S. 503
Die Namen und weitere Angaben über die Opfer der Shoa aus Dinslaken in der Auflistung bei Tohermes, S. 85 ff, bzw. unter der Internetadresse von Yadvaschem, Jerusalem:
www.yadvashem.org / The Central Database of Shoa Victim´s Names

[27] Tohermes/ Grafen, S. 14

[27a] Nach dem Dreißigjährigen Krieg gab es bis zur napoleonischen Zeit im Herzogtum Kleve die sogen, Landjudenschaft. Zu ihr gehörten alle jüdischen Bürger. Auf dem Judenlandtag trafen sich alle drei bzw. vier Jahre alle steuerpflichtigen jüdischen Bürger. Über diese Versammlungen gibt das Protokollbuch der Landjudenschaft Auskunft. (Zimmermann, S. 106)
Sitz des Landesrabbiners war Kleve. Er hatte vor allem die Aufgabe, Rechtsfragen zu entscheiden, Strafen auszusprechen, Trauungen durchzuführen und die Judenschaft zu repräsentieren.
1854 lösten sich die Gemeinden Duisburg, Ruhrort, Holten und Dinslaken aus dem Rabbinat Kleve und bildeten einen eigenen Synagogenbezirk Duisburg. Zimmermann, S. 114
In den 1920er Jahren gab es Überlegungen und Verhandlungen, den Sitz des Rabbiners nach Dinslaken zu verlegen.

[28] Über den Verkauf des Klosters Näheres bei Stampfuß/Triller , S. 489

[29] Der Kaufvertrag mit der Bestätigung des Finanzministers vom 12. Juni 1811 ist erhalten.
Stampfuß/ Triller, S. 491/ HSTA Düsseldorf, 7854, Bl. 88-96

[29] Original in Jerusalem, heute auf Mikrofilm im Stadtarchiv

[30] Die Akten zu diesem Prozess befinden sich in Jerusalem, mikroverfilmt im Stadtarchiv Dinslaken

[31] Stampfuß/ Triller, S. 497f

[32] Tohermes/ Grafen, S. 16

[33] Eine Liste über die Entwicklung der Schülerzahl und über die Lehrerinnen und Lehrer der Schule bei Tohermes, S. 63 / Zur Schule ausführlich: Tohermes, S. 59ff.

[33a] Die Kinder des Lehrers Dr. Leopold Strauß wurden von Essen am 27.10.1941 nach Litzmannstadt deportiert und kamen in Auschwitz ums Leben: Siegfried Straus mit seiner Frau Regina, geb. Rosenberg; Richard Strauß und Alfred Strauß mit seiner Frau Lore, geb. Dahl.

[34] Brief von Ruben Kahana, Israel, 1986
Näheres über die jüdische Schule, Stampfuß/ Triller, S.546 ff

[35] Protokollbuch der Jüdischen Gemeinde, S. 108; Eintrag vom 17.07.1910

[36] Ruben Kahana, Israel 1986

[37] Protokollbuch der Jüdischen Gemeinde, S. 118

38 Brief von Helga Stern de Neumann, Mexiko
Religiöse Kultbäder sind in der Bibel vorgeschrieben. Sie dienen dazu, die religiöse Reinheit wiederherzustellen. Das rituelle Tauchbad (Mikwe oder Mikwa) dient Frauen, die es vor der Hochzeit oder nach der Menstruation benutzen müssen. Die Mikwe muss aus fließendem Wasser oder aus gesammeltem Regenwasser bestehen.

[39] Zur Jodokusgilde, Wilmsen, S. 82ff

[40] Wilmsen, S. 78

[41] Bis dahin gab es sogen. Verbandsfriedhöfe, die von den Juden einer Region genutzt wurden.
Die Dinslakener Juden mussten ihre Verstorbenen in Duisburg beerdigen. Als die finanzielle Situation der Gemeinden sich verbesserte, konnte man eigene Friedhöfe anlegen. Vielerorts entstanden eigene oft sehr kleine Begräbnisstätten: so Holten, Ruhrort, auch Krudenburg. Die Zeit der Verbandsfriedhöfe war zu Ende.

42 Stadtarchiv Dinslaken, mikroverfilmte Akten der Synagogengemeinde
The Central Archives for the History of the jewish People, Jerusalem

43 Schreiben des Regierungsrates von Kleve vom 20. August 1721/ Stadtarchiv Dinslaken, Akten der Synagogengemeinde

[44] Protokollbuch der Jüdischen Gemeinde, Stadtarchiv Dinslaken (STAD, B 44)

[45] Stampfuß/ Triller, S. 621

[46] Wilmsen, S. 83f

[47] Wilmsen, S. 83f;
Johann Schlun war Bürgermeister der Neustadt von 1710 – 1728, so Stampfuß/ Triller, S. 621
Das Gildenbuch der Jodokus Gilde ging beim Bombenangriff auf Dinslaken am 23.3. 1945 verloren. Wilmsen, S. 141

[48] Stadtarchiv Dinslaken, Kopie des Vertrages / s. auch S. 17

[49] Stadtarchiv Dinslaken, Akten der Synagogengemeinde, Vertrag von 1792

[50] Stadtarchiv Dinslaken, Akten der Synagogengemeinde, Vereinbarung von 1829

[51] Brocke, Haus der lebendigen Steine, S. 18

[52] Tohermes/ Grafen, S. 13

[53] Tohermes, S. 53 Tohermes /Grafen; S. 13

[54] s. auch Kapitel 4 „Tod, Begräbnis und Trauer im Judentum"

[55] s. Abb. S. 19

[56] Brief von Dr. Siegfried Rothschild, Jerusalem, vom 19.12.1984
[57] STA Dinslaken; A10, Bl.13
[59] Protokollbuch der Synagogengemeinde, STAD,B 44; S. 94

[58] s. Foto S. 22
[60] Protokollbuch der Synagogengemeinde, STAD, B 44; S. 97

[61] Stadtarchiv Dinslaken, A 16, S.37
[62] Protokollbuch der Synagogengemeinde, S. 102 / Eintragung vom 29.11.1908
[63] Protokollbuch der Synagogengemeinde, S. 102 / Eintragung vom 29.11.1908

[64] Protokollbuch der Synagogengemeinde, STAD B 44, S. 209 / S. 103/ 2.5.1909

[65] s. Plan des Friedhofs, Reihe B

[66] Protokollbuch der Synagogengemeinde/ STAD B, 44, S. 209
[67] s. auch Kapitel 4: „Tod, Begräbnis und Trauer im Judentum"

[68] Protokollbuch der Synagogengemeinde, STAD, B 44, Eintragung vom 3.8.1913

[69] Protokollbuch der Synagogengemeinde, S. 146/ 15.2.1925
[70] Protokollbuch der Synagogengemeinde, S, 146/ 15.2.1925
[71] Archiv Neue Synagoge; Brief vom 28.2.1925
[72] Archiv Neue Synagoge; Brief vom 20.4.1925

[73] Stampfuß /Triller, S. 500

[74] Archiv neue Synagoge, Brief vom 23.4.1925
[75] Archiv Neue Synagoge, Brief vom 20.7. 1926
[76] Archiv Neue Synagoge, S. Brief vom 9.12.1926
[77] Der Friedhof in Breslau wurde November 1856 auf Veranlassung der Oberschlesischen Eisenbahn geschlossen. 1900 wurde eine neuer Friedhof an der ul Letnicza (Frankfurter Str.) eröffnet. Lagiewski, S. 6

[78] Archiv Neue Synagoge, Schreiben vom 28.1.1927

[79] Protokollbuch der Synagogengemeinde, STAD, B 44, S. 149/ S. 300
[79a] so Frau Else Cohen in einem Brief vom 27.1.1986
[80] Dazu schreibt der Enkelsohn Erich, Sohn aus Nahariya, Israel, am 13.10.1984:
„Isaac Isaacson und Amalie, geb. Rosenheim, das sind meine Großeltern. Meine Großmutter wurde auf dem heutigen Friedhof beerdigt, mein Großvater auf dem alten jüdischen Friedhof. Neben dem Grab meiner Großmutter steht der Grabstein des Großvaters aus grauem Sandstein, der dorthin gebracht wurde" Dokumente, die über den Ablauf der Aufhebung des Friedhofs und die Aufstellung der Steine auf dem neuen Friedhof genaue Auskunft geben könnten, sind nicht mehr vorhanden. Aufzeichnungen der Gemeinde dazu gingen am 10. November 1938 verloren.
[81] Stadtarchiv Dinslaken, Schreiben vom 7.2.1938
[82] vgl. dazu den Bericht von Sophoni Herz „Kristallnacht im Dinslakener Waisenhaus"
in: Heimatkalender des Kreises Wesel 1988, S. 130-140

[82a] Archiv Neue Synagoge, Berlin, Brief vom 3.1.1939
[83] Archiv Neue Synagoge, Brief vom

[84] s. Katasterblatt aus 1937
[86] Archiv Neue Synagoge, Schreiben vom 24.1.1940
[87] Brocke, Haus des Lebens, S. 15
[88] Schreiben der Jewish Trust Corporation von 1952 (Stadtarchiv)

88a Der Rat der Stadt Dinslaken beschloss in seiner Sitzung vom 24.10.1969, den nicht belegten Teil des jüdischen Friedhofs (zwischen dem heutigen jüdischen Friedhof und der B 8) in einer Größe von 2600 qm zu einem Preis von DM 12,- / qm vom Landesverband der jüdischen Kultusgemeinden zu kaufen.

89 Über die Ereignisse 1938 der schon erwähnte Bericht von Sophoni Herz „Kristallnacht im Dinslakener Waisenhaus" in: Heimatkalender des Kreises Wesel 1988 , S. 130-140

90 vgl. dazu die Beschreibung zu Stein I 2

91 Zeitungsausschnitt der RP (Rheinische Post) vom 26.9.1959

92 s. Übersichtsplan

93 Lagiewski, S. 14

94 Brocke, Haus, S. 30
Manchmal werden die Hände auch aus den Wolken herausragend dargestellt. Auffällig sind gelegentlich auch nach unten weisende Hände. Priesterhände und Kanne finden sich nicht auf Frauengräbern.
Brocke, S. 25

95 Brocke, Haus, S, 26

96 Brocke, Haus, S. 39

97 Brocke, Haus, S. 70

98 Brocke, Haus, S. 35

99 Dazu auch Brocke, Haus, S.57

100 s. Brocke, Eingebunden in das Bündel des Lebens, S. 19

101 Brocke, Haus, S. 92f

102 Zu diesem Grabstein ausführlich Brocke/ Mirbach, Grenzsteine des Lebens, S. 49ff

103 Tohermes/ Grafen, S. 98

104 Tohermes/ Grafen, S. 86

105 Tohermes/ Grafen, S. 93

105a Getort- aus dem Jiddischen = der gute Ort; auch die Bezeichnung Haus des Lebens (Beth ha chajim) nach Hiob 30,23 der lebendige Gott ist kein Gott der Toten; er vermag die Toten wieder zu beleben. Der Glaube an die Auferstehung führte zur Notwendigkeit des ewigen Ruherechts.

106 Zum Ganzen auch Siegfried Bergler, in: der jüdische Friedhof, Beiheft 1, Zeitschrift für Kirche und Judentum , o. J.

107 Angehörige der Kohanim, des Priestergeschlechtes, sind von der Teilnahme sowie von der Vorbereitung und Durchführung der kultisch unrein machenden Bestattung ausgenommen. Es sei denn der Verstorbene ist ein enger Angehöriger.

108 Leo Hirsch: Jüdische Glaubenswelt. - Gütersloh : Bertelsmann, 1982. - S. 79f

109 Hirsch, Leo (1903 – 1943): Jüdische Glaubenswelt. - Gütersloh: Bertelsmann, 1982. - S. 79

110 Hirsch, Leo (1903 – 1943): Jüdische Glaubenswelt. - Gütersloh : Bertelsmann, 1982. - S. 80

111 Das gewöhnliche Kaddisch wird zu Unrecht als „ Totenhymne " bezeichnet. In ihm geht es um die Verherrlichung und Heiligung des Namens Gottes. Gleichzeitig ist es ein Bekenntnis zur Herrschaft Gottes auf Erden. Die Kinder sagen es von der Beerdigung ein Jahr lang jeden Tag. Ebenso auch zur Jahrzeit von Vater oder Mutter.
s. auch Vetter, Gebete des Judentums, S. 43- 45

112 Hirsch, Leo (1903-1943): Jüdische Glaubenswelt, S. 80

113 Brocke, Haus des Lebens, S. 57 – 59

114 dazu Brocke, Haus des Lebens, S. 57

Literaturverzeichnis:

Akten der Synagogengemeinde Dinslaken,
        Archiv Neue Synagoge, Berlin

Baer, Fritz : Das Protokollbuch der Landjudenschaft des Herzogtums Kleve
        Erster Teil: Die Geschichte der Landjudenschaft des Herzogtums Kleve, Berlin 1922

Bergler, Siegfried: Tod, Begräbnis und Trauer im Judentum, S. 17-22
        in: „Der jüdische Friedhof"
        Beiheft 1 der „Zeitschrift für Kirche und Judentum", ohne Jahr

Brocke, Michael/ Müller, Christiane: Haus des Lebens, Jüdische Friedhöfe in Deutschland
        Leipzig 2001

Ders.: Eingebunden in das Bündel des Lebens, 1986

Ders. / Mirbach, Hartmut : Grenzsteine des Lebens, Auf jüdischen Friedhöfen am Niederrhein
        Duisburg 1988

Gesenius, Wilhelm: Hebräisches und Aramäisches Handwörterbuch
        Neudruck der 17. Auflage von 1915
        Berlin/Göttingen /Heidelberg 1959

Grübel, Monika/ Mölich, Georg (Hg.): Jüdisches Leben im Rheinland
        Köln/ Weimar 2005

Hantsche, Irmgard: Atlas zur Geschichte des Niederrheins
        Schriftenreihe der Niederrhein-Akademie, Bd. 4, 4. Auflage, Essen 2000

Herz, Sophoni: Kristallnacht im Dinslakener Waisenhaus
        in: Heimatkalender des Kreises Wesel 1988, S. 130 – 140, Kleve 1987

Hirsch, Leo : Jüdische Glaubenswelt, 5. Auflage, Basel 1982

Jeurgens, Joseph: Festschrift zum 450jährigen Bestehen des Bürger-Schützen-Vereins
        zu Dinslaken 1461- 1911, Ratingen 1911

Lagiewski, Maciej : Der alte jüdische Friedhof in Wroclaw/ Breslau, Meckenheim 1988

Prieur, Jutta (Hrsg.) : Auf den Spuren der Juden in Wesel
        Studien und Quellen zur Geschichte von Wesel, Bd. 11
        Selbstverlag Stadtarchiv Wesel 1988

Spiegel, Fritz (Fred): Once the Acacias Bloomed – Memories of a Childhood lost
Norderstedt 2004

Stampfuß, Rudolf/ Triller, Anneliese: Geschichte der Stadt Dinslaken 1273- 1973
Oberhausen 1973

Tohermes, Kurt/ Grafen, Jürgen: Leben und Untergang der Synagogengemeinde Dinslaken
Band 17 der „Dinslakener Beiträge zur Geschichte und Volkskunde"
Krefeld, 1988

Vetter, Dieter: Gebete das Judentums: Gütersloher Taschenbuch 712
Gütersloh 1995

Wilmsen, Heinz: Dinslakener Schützenwesen in fünf Jahrhunderten 1461 – 1961, Band 3 der „Beiträge zur Geschichte und Volkskunst des Kreises Dinslaken", Neustadt / Aisch 1961

Bildnachweis:
Bildarchiv des Archivs der Stadt Dinslaken: Abbildungen S. 9; 14; 17; 18; 21; 22; 23; 26; 27; 29; 39

Abbildungen S. 190; 192; 193;195 mit freundlicher Genehmigung des Jüdischen Museums Frankfurt/ Main

alle weiteren Abbildungen vom Verfasser

Die Herausgabe dieses Buches wurde in dankenswerter Weise gefördert durch

den Kreis Wesel,

die Stadt Dinslaken,

die Sparkasse Dinslaken-Voerde-Hünxe,

die Evangelische Kirche im Rheinland,

den Verein für Rheinische Kirchengeschichte,

den Kirchenkreis Dinslaken,

die Evangelische Kirchengemeinde Dinslaken,

die Katholische Pfarrgemeinde St. Vincentius Dinslaken

die Lydia und Heinz Rühl Stiftung, Voerde

© by Verlag Rhiem 2006
Gesamtherstellung: RHIEM Druck GmbH, 46562 Voerde
ISBN 3-926832-34-7

Bisher erschienene Bände:
„Dinslakener Beiträge" zur Geschichte und Volkskunde Herausgegeben vom Verein für Heimatpflege „Land Dinslaken" e. V. (Stand 1. Oktober 2006)

1. Walter Neuse „Die Geschichte der Rittersitze Haus Wohnung und Haus Endt", Verlag: Ph.C.W. Schmidt-Degener und Co., Neustadt/ Aisch, 1956, 134 Seiten sowie Bilder und Tafeln

2. Anneliese Triller, Berthold Schön „Stadtbuch von Dinslaken" Dokumente zur Geschichte der Stadt von 1273 bis zum Ausgang des 17. Jahrhunderts, Verlag: Ph.C.W. Schmidt-Degener und Co., Neustadt/ Aisch 1959, 200 Seiten mit Bildern und Stadtplan 18. Jh.

3. Heinz Wilmsen „Dinslakener Schützenwesen in fünf Jahrhunderten 1461-1961" Aus Anlass des 500jährigen Bestehens des Bürgerschützenvereins Dinslaken, Verlag: Ph.C.W. Schmidt-Degener und Co., NeustadUAisch 1961, 227 Seiten mit Bildern

4. Walter Neuse „Siedlungsgeschichte der Bauernschaft Möllen im Landkreis Dinslaken", Verlag: Ph.C.W. Schmidt-Degener und Co., Neustadt/ Aisch 1964, Textband 521 Seiten, Sammlung Flurkarten und Stammtafeln als Anhang

5. Günter Mertins „Die Kulturlandschaft des westlichen Ruhrgebietes (Mülheim-Oberhausen-Dinslaken)", Verlag: Ph.C.W. Schmidt-Degener und Co. Neustadt/ Aisch 1964, 235 Seiten sowie zahlreiche Anlagen

6. Wolfgang Petri „Geschichte der reformierten Kirchengemeinde Voerde/Niederrhein", Verlag: Ph.C.W. Schmidt-Degener und Co., Neustadt/Aisch 1968, 108 Seiten sowie zahlreiche Abbildungen und Tafeln

7. Roland Günter „Die Denkmäler des Rheinlandes, Kreis Dinslaken" (Bd.14), Rheinland-Verlag/L. Schwann-Verlag, Düsseldorf 1968, 103 Seiten sowie 178 Abbildungen

8. Walter Bückmann „Probleme der Verwaltungsreform im Gebiet zwischen Emscher und Lippe", Verlag: Ph.C.W. Schmidt-Degener und Co., Neustadt/Aisch 1969, 234 Seiten

9. Walter Neuse „Die Geschichte der Gemeinde Götterswickerhamm", Verlag: Ph.C.W. Schmidt-Degener und Co., Neustadt/Aisch 1971, 300 Seiten sowie Flurkarte und Tafeln

10. Willi Dittgen „Anno Tobak", Bilder und Geschichten aus dem alten Dinslaken zur 700-Jahrfeier der Stadt Dinslaken, 1973, 100 Seiten einschl. zahlreicher Abbildungen

11. Friedrich Sander „Der Burgvogt von Krudenburg" Chronik von der Not der Bauern im Lippetal während der Kriege des 16. und 17. Jahrhunderts, 1976, 127 Seiten einschließlich zahlreicher Abbildungen

12. Willi Dittgen „Zwischen den Kriegen", 1919 -1939, Unruhige Zeiten zwischen Ruhr und Lippe, 1977, 159 Seiten

13. Willi Dittgen „Der Übergang" Das Ende des 2. Weltkrieges in Dinslaken und Umgebung, 1983, 127 Seiten einschließlich zahlreicher Bilder sowie Ergänzungen
14. Berthold Schön „Nachlese" Heimatkundliche Beiträge (vor allem über Hiesfeld) aus dem Nachlass, 1986, 127 Seiten
15. Willi Dittgen „Stationen" 550 Jahre Pfarrgemeinde St. Vincentius Dinslaken, ein Teil der Stadtgeschichte, 1986, 263 Seiten einschließlich zahlreicher Abbildungen
16. Michael Dahlmanns „Der Aufstand" Die Märzunruhen 1920 im Raum Dinslaken – Wesel, 1988, 96 Seiten einschließlich zahlreicher Abbildungen
17. Kurt Tohermes / Jürgen Grafen „Leben und Untergang der Synagogengemeinde Dinslaken",1988, 123 Seiten einschließlich zahlreicher Abbildungen
18. Inge Litschke „Im Schatten der Fördertürme" Die Bergarbeiterkolonie Lohberg 1900 bis 1980, Mercator-Verlag, Duisburg 1993, 300 Seiten einschließlich zahlreicher Abbildungen, ISBN 3-87463-186-9
19. Isl Samuel Graudenz „Zeitvertreib eines ungeduldigen Herzens" - Verse und Gedichte zu jüdischen Schicksalen Verlag: Butzon u. Bercker, Kevelaer 1993, 79 Seiten, ISBN 3-7666-9874-5
20. „Finale" Männer und Frauen aus Dinslaken und Umgebung berichten, wie sie das Ende des 2. Weltkrieges in ihrer Heimat erlebten, 1995, 78 Seiten einschließlich zahlreicher Abbildungen
21. Wilhelm Grube „Letzte Hoffnung '44" Erinnerungen eines Luftwaffenhelfers, 1995, 74 Seiten einschließlich zahlreicher Abbildungen
22. Marie Althoff „Aus Friedrich Althoffs Jugendzeit" Reprint des 1910 im Diederichs-Verlag in Jena erschienenen Bandes, mit Nachwort von Willi Dittgen, 1996, 56 Seiten einschließlich verschiedener Abbildungen
23. Ralf Althoff „Die mittelalterlichen Münzen der Herrschaft Dinslaken", Mercator-Verlag, Duisburg, 1996, 244 Seiten einschließlich zahlreicher Abbildungen, ISBN 3-87463-233-4
24. Frauengeschichtskreis Dinslaken (Hg.) „Der andere Blick", Frauenleben in Dinslaken, Klartext-Verlag Essen, 2001, 214 Seiten einschließlich zahlreicher Bilder, ISBN 3-89861-020-9
25. Stelten Karl „Döt an dat op Hönxe Platt" Plattdeutsche Geschichten und Gedichte mit Illustrationen von Julius Seifert und einer CD, 2002, 171 Seiten, ISBN 3-926832-26-6

Anfragen unter 02064/66268 (Stadtarchiv Dinslaken)

9783926832344.3